给忙碌者的价值投资

东先生 ◎ 著

Value Investment
for People in a Hurry

图书在版编目（CIP）数据

给忙碌者的价值投资 / 东先生著 . -- 北京：中国经济出版社，2023.5
ISBN 978-7-5136-7311-2

Ⅰ.①给… Ⅱ.①东… Ⅲ.①投资决策 Ⅳ.①F830.59

中国国家版本馆 CIP 数据核字（2023）第 084155 号

责任编辑　燕丽丽
责任印制　马小宾
封面设计　久品轩

出版发行　中国经济出版社
印 刷 者　北京富泰印刷有限责任公司
经 销 者　各地新华书店
开　　本　880mm×1230mm　1/32
印　　张　9.875
字　　数　210千字
版　　次　2023年5月第1版
印　　次　2023年5月第1次
定　　价　68.00元

广告经营许可证　京西工商广字第8179号

中国经济出版社 网址 www.economyph.com 社址 北京市东城区安定门外大街58号 邮编 100011
本版图书如存在印装质量问题，请与本社销售中心联系调换（联系电话：010-57512564）

版权所有　盗版必究（举报电话：010-57512600）
国家版权局反盗版举报中心（举报电话：12390）　服务热线：010-57512564

推荐序

忙碌者的投资策略

本书开篇不像一般的投资类书籍那样,平铺直叙地开始讲述投资知识,而是讨论了一个至关重要的问题:一个时间有限的忙碌者,一个非职业投资者,在资源有限的情况下该如何破局?想清楚自己的定位及如何破局,比直接陷入股票投资的知识及信息的海洋重要得多。

老东(本书作者,"东先生")举了一个例子。20世纪90年代,越南农村异常贫困,儿童面临严重营养不良。在不依靠国家经济发展,人们收入水平大幅提升的背景下,这个局如何破?某儿童慈善组织的工作人员经过深入调查,给出了改变喂食频次、方式、成分的方法建议,经实践效果明显。

如何在有限的资源约束下把事情做成,非常考验人的智慧。

这让二马想起了自己的一次经历:我的团队曾经遇到一个交付周期紧、技术难度巨大的项目。团队成员虽能力不错,但是我对他们如期完成这个项目没有任何信心。怎么办呢?影响这个项目按期交付的最大瓶颈是硬件设计及其调试周期,特别是天线调试。经过与客户沟通,我们决定把产品尺寸加大2毫米,从87毫米变成89毫米。这个尺寸变化对于客户来说是无感的,却让我们的设计难度大幅降低。也因为这个小小的变动，最终这个项目如期交付。

资源有限的忙碌者在践行价值投资时，如何四两拨千斤，如何找到最优解，这是本书讨论的核心问题。

老东提出这个策略分为三步走：第一步，找出撬动整体目标的杠杆；第二步，将实现该杠杆的方式分解为一系列连贯性动作；第三步，动作具备飞轮效应，完成每一步有助于完成下个目标，最后完成整体目标。

那么该如何找到这个杠杆呢？股票投资最为困难、最为重要的事情是企业分析。大量且广泛地进行企业分析并不适合我们这些忙碌的普通投资者。但是普通投资者也有自己的优势，即他们有自己熟悉的领域，比如工作和生活领域。在大多数时候，人们只是作为普通的忙碌者埋头做一些事情，没有进行有意识的思考。而转变思路，将我们的工作、生活与投资活动关联起来，以投资者的视角去思考工作与生活时，世界就为我们打开了一扇新的窗户。

一个典型的例子是我们在工作中会接触大量的供应商，通过对于他们产品、技术、服务的把握，我们大致可以判断这个企业的前景。当然，不要指望一次判断就具备立竿见影的效果，而是要把这个动作持续进行，日积月累，形成对企业的深刻理解。最终这样的动作就会具备飞轮效应。

书中的投资体系部分包括组合管理、行业选择、公司分析、买卖决策四大部分。其中行业选择部分秉承能力圈里数月亮的原则。这非常符合忙碌者的状态：时间有限，因此在自己喜欢的、熟悉的、赖以生存的行业选择容易看懂的投资机会。

在阐述投资体系方面，本书提出一个很好的方法论：将归纳法、演绎法、溯因推理法融入投资体系的多个方面。

归纳法是基于现有的数据、信息去推导未来的发展变化。在护城河分析方面提出护城河归纳四问，基于诸如ROE、资产负债率、现金流、净利润率等核心财务指标去判断公司的护城河强弱。

演绎法基于自己的知识和智慧去预测未来，是基于认知对于未来的定性加部分定量分析。在护城河分析方面，作者提出护城河演绎六问。

溯因推理是基于现有数据、信息，为其找出逻辑基础。

通过归纳、演绎、溯因推理的结合，一个完整的企业分析的链条就建立了。

有时候，我们非常看好某个企业的前景，认为其具备某种发展逻辑。这个时候可以将归纳法、演绎法、溯因推理结合起来。比如，某企业目前的财务数据不错，我们可以对企业取得的优异数据进行溯因，然后分析企业过去的发展逻辑在未来是否可以持续。

本书在财报分析上也不落俗套，避开了常规的系统化分析财报这一对于投资者财务知识要求更高的分析模式，采用护城河归纳法来进行财报分析。

这样做看似不够系统，但是契合了忙碌的普通投资者时间有限，只在能力圈内数月亮的投资策略。我们并不需要懂复杂的财务知识，并不需要抓住每一个投资机会，只需要用不太复杂的核心财报指标去

给忙碌者的价值投资

抓住一些"大颗粒"的投资机会即可。

本书以腾讯控股为实例进行了完整的企业及财务分析。腾讯在港交所上市，港股的财报编制方式和A股有所不同。本书其实为我们提供了一个很好的阅读在港股市场上市企业财报的范例。让看懂港股上市公司财报不再难。

本书在行业及企业分析上可谓非常经典。对于多数投资者来说，在分析企业方面往往无从下手。除了公开的财报数据外，如何获取企业所在行业的发展数据经常会困扰投资者。只有了解行业发展情况，我们才更容易了解企业在行业中的位置，未来的发展空间。

作者在分析腾讯的成长性时，引用了大量的第三方渠道的行业数据。了解这些渠道源及跟踪行业的数据不是一朝一夕可以完成的。这恰好是忙碌者擅长的，在自己喜欢的、熟悉的、工作涉及的领域日积月累，最终水到渠成。这也恰恰说明多领域投资的困难所在。忙碌者不刻意去投资，却在熟悉的领域积累了最为深厚的护城河。

本书的叙述方式别具一格，以在投资江湖久负盛名的"老东"引导年轻貌美的金融才女"小芸"学习投资的方式展开，很有《小李飞刀》中天机老人向孙女讲述江湖故事的味道，这让读者们徜徉在价值投资海洋的同时多了许多阅读的趣味性。

二马由之

2023年3月于西安

目录 Contents

前　言 ix

理念篇

第 1 章
核心问题：忙碌者面对的挑战 3
程序的正义 3
魔鬼在细节里 4
最优解策略 6
寻找杠杆的思路 9
稀缺的优秀 12

第 2 章
能力圈：专业能力的更高级变现 21
忙碌者的禀赋 21
入世即入圈 27
破圈的诀窍 33
本章小结 35

第 3 章
市场先生：涨涨跌跌是世界的真相 37
认知再评估 37
谁决定了价格 41

价值回归	44
本章小结	46

第 4 章
公司价值：灰度思考与黑白决策 48

安全边际	48
简易财报与自由现金流	50
价值由挑战定义	58
预期的最优解	60
价值的简易表达	63
认知自己的无知	68
个人与公司都要不断成长	76
本章小结	79

第 5 章
理念篇总结 81

价值投资不是自然科学	81
最优解框架的变换	83

体系篇

第 6 章
组合管理 92

股债平衡之锚	92
模糊控制	95

第 7 章
行业选择 100

在能力圈内数月亮	100
值得终生思考的答案	105

目 录

第 8 章
公司分析 110
归纳法和演绎法 111
数据、信息、知识、智慧 114
护城河演绎六问 117
护城河归纳四问 122
护城河辨析 126

第 9 章
买卖决策 132
什么时候该买 132
溯因推理 135
多元决策模型 139
买多少 141
买入决策辨析 147
什么时候该卖 152

第 10 章
体系篇总结 155

操作篇

第 11 章
组合管理 165

第 12 章
行业选择 167

vii

第 13 章
护城河演绎 — 172

- 第一问：干什么的？ — 172
- 第二问：为何非得是它不可？ — 176
- 第三问：为什么抢不了？ — 181
- 第四问：他们靠谱吗？ — 190
- 第五问：有独特的企业文化吗？ — 198
- 演绎总结：认知由何而来 — 201

第 14 章
护城河归纳 — 208

- 第一问：利润表与会投资的养鸡场 — 208
- 第二问：资产负债表与掌控感 — 223
- 第三问：现金流量表与提纯过程 — 231
- 第四问：两点启发与总结 — 241

第 15 章
买卖决策 — 244

- 营收与利润结构 — 244
- 成长性归纳 — 251
- 成长性演绎第一问 — 257
- 成长性演绎第二问 — 269
- 成长性演绎的基础假设 — 282
- 成长性演绎第三问 — 284
- 溯因推理 — 286
- 赔率与最佳仓位 — 288

尾　声 — 295

前　言

多年以来，老东曾和不少新晋的投资者探讨与价值投资相关的问题。

这些投资者，有刚闯入职场的菜鸟，有寄情于山水之间的自由职业者，有孩子眼中无所不能的奶爸奶妈，还有企业的中高层、行业的超级专家。他们或有一份自己喜爱的工作，或有一项自己痴迷的爱好，或有一份沉甸甸的家庭责任。简而言之，他们的时间都很稀缺，我愿称之为"忙碌者"。

忙碌者因为时间有限，并不能把价值投资放在第一优先级。因此带来的第一个偏见是：认为践行价值投资是一件很难的事情。但这并不能怪他们，只因市面上林林总总的价值投资书籍，无论是经典的格雷厄姆的《证券分析》《聪明的投资者》、描写巴菲特的《滚雪球》《巴菲特之道》，或是其他在此基础上践行价值投资的投资者所写的书籍，都只是从投资者本身出发，并未考虑忙碌者的资源禀赋和所面临挑战，更不提如何巧妙地利用了。

作为忙碌者中的一员，老东也有一份自己喜爱的工作，也有不少自己痴迷的爱好，更有超级奶爸"黄袍加身"。幸运的是，经过多年的打磨，老东并不认为践行价值投资与这些相悖。相反，忙碌者一者是具有许多"日用而不自知"的认识，这非但不是坏事，反而在践行价值投资时有得天独厚的优势；二者，践行价值投资这件事所刻意练习出来的思考方式，更会反哺我们忙碌的领域，让我们得以获取在他处无法获取的精进。

"忙碌者"和"投资者"两个身份就像相互吸引的双子星，看似不会相遇，但当二者相互交缠，共同推进彼此前行时，对我们的人生会有更加巨大的裨益。我迫切地想把这些分享给朋友们，这是创作本书的原因。

为了紧扣"忙碌者时间有限"这一重要约束条件，在全书开篇，我们将探讨一种最优解的思维方式。在这里，我们将复现当年国际儿童专家斯特恩解决越南儿童营养不良问题的思路，从而总结出适用于忙碌者思考财富增长的最优解框架，并带着它开启我们的旅程。

价值投资，首先是价值观的投资，因此破除理念上的偏见最为重要。

在全书上篇（理念篇）中，我们将探讨价值投资最重要的思维模型，它们包括：能力圈、市场先生、公司价值。但与大多数价值投资的书籍不同，为了便于忙碌者理解这三个思维模型，我们将从忙碌者而非纯粹的投资者的角度进行探讨。

比如，我们会讨论忙碌者在生活和工作中是如何建立能力圈的；

我们会探讨涨涨跌跌的市场报价同忙碌者个人薪酬和个人价值的关系；

我们会探讨公司价值成长与个人成长之间的相似之处。

价值投资，核心是如何投资，因此需要一套逻辑自洽、行之有效的投资体系。

在全书中篇（体系篇）中，我们将探讨一套容易被忙碌者接受的投资体系，它们包括：组合管理、行业选择、公司分析、买卖决策四个模块。但也与大多数价值投资书籍不同，我们也将在本篇中大量引入与忙碌者有关的例子。

比如，在讨论组合管理时，我们会提到刹车系统的有趣之处；

在讨论行业选择时，我们会探讨公司发展和家庭发展都有的四个阶段；

在讨论公司分析时，我们会提到儿时的伙伴——牛顿和达尔文叔叔；

在讨论买卖决策时，我们会讨论进行重要决策的几个依据。

价值投资，最后还是要实践，因此更需要实践案例以供参考。

在全书下篇（操作篇）中，我们将以一个小姐姐"小芸同学"为例，亲身感受她是如何结合忙碌者自身资源禀赋，从无到有做出最终决策的。

除此之外，价值投资过程中使用的不少思维模型，相信忙碌者在各自的领域自有妙用。

比如"理念篇"中，在提及能力圈时，探讨不同学习方式留存效果的"学习金字塔"，探讨如何更好地进入心流状态的"意外率模型"；研究市场先生时，"认知再评估"的思考方式；评估公司价值时，"灰度思考，黑白决策"的方法。

比如"体系篇"中，组合管理背后"别人恐惧我贪婪"的思考方式，行业选择时"数月亮不数星星"的思维模式，公司分析中辨析的"数据、信息、知识、智慧"，买卖决策时所使用的"赔率和概率模型"以及"凯利公式"。

在两篇的小结中，我们还会探讨"自然科学"与"社会科学"的区别，"事实论述"与"价值判断"的区别。这些将有利于我们在工作和生活中看清楚很多问题的本质，能好好工作，热爱生活，健康投资。

但正如全书结尾所述，价值投资不是自然科学，而是解释性框架，在解释性框架之下，还蕴含不是事实陈述而是价值判断的部分。本书所述的理念、体系、操作肯定有不少局限性，盼忙碌者在阅读后，结合自己的资源禀赋融会贯通，切忌生搬硬套。

请允许老东在此感谢那些在这个过程中帮助、陪伴、启发过老东的良师益友。首先是老东作为忙碌者在工作上的领导和小伙伴们，其

前言

次是老东作为投资者在旅途中遇到的好友,比如我的投资搭档高睿、我的师兄草帽路飞、投研会的总舵主海涛兄、悉心教导我的云总、一见如故的王总、资深投资人一路_修行、君茂资本创始合伙人潘亚军、两位忘年交朱酒兄和二马兄以及某经常改名的投资群里所有的小伙伴。同时,也感谢本书的编辑燕丽丽博士以及中国经济出版社的各位老师、大设计师张子岩同学,本书因为他们,才璞玉雕琢成器,明珠尘尽光生。最后,也是最重要的,我要感谢我的妻子、孩子、父母,是他们赋予了我重要的生命的意义。

谨以此书,送给所有忙碌者。

理念篇

第1章 核心问题：忙碌者面对的挑战

程序的正义

我们对1990年越南的印象，大多停留于对越自卫反击战。

然而，彼时让越南人头疼的问题，可不止于此。

在越南国内，恰逢洪水肆流，阴雨连连，政治和民生问题一抓一大把。其中，儿童面临严重营养不良问题，严重制约国家的发展。

如何破局？不仅越南政府在思考，许多国际问题专家也投来了关注的目光。

若把老东丢到当局者的位置上，针对该问题大概只能给出这样循规蹈矩的方法：儿童的营养水平不行，是由平均收入水平低、卫生系统处于初期阶段、食品安全管控能力弱、居民健康意识薄弱等大问题导致的。接着，老东会分析这些问题的影响权重，制订整改计划，分解到对应责任人，再考虑整体资源的分配，然后告诉上级"已经做了自己能做的"，此事毕也。

如此解法，对于忙碌的老东而言，显然在程序上无懈可击，毕竟老东还有很多事情要忙，确实已经做了他该做的。

讽刺的是，若是被誉为精英阶层的决策者果真如此决策，并自然地认为自己已经尽力了，哪怕是彼时越南的文化不高者，只要与此问题利益攸关，他们都会觉得这些决策者只是做了"相当于没做的事情"。我们甚至可以试想，当我们穿越回当时，采访村口的大妈，或是城市里开着TUTU①的司机对该决策的看法，他们大概会如此破口大骂：

"平均收入水平低、卫生系统处于初期阶段、食物安全管控能力弱，这些谁不知道？现在的情况是，这些都是大问题，若要等到这些问题都解决了再行动，黄花菜都凉了。"

当忙碌者如我们，兴高采烈地完成了一天的工作，踏着星光点点下班时，偶然抬头看见深邃的夜空，是否也会有同样的疑惑：我今天处理事情所使用的方法，是出于直觉执行的"程序正义"，还是真的经思考后的"最优解"？

魔鬼在细节里

杰瑞·斯特恩是一家国际儿童慈善机构的人员。1990年，其受命前往越南，协助解决上述儿童营养问题。当他抵达越南时，越南外交部长的心思都在焦头烂额的中越边境问题上，并不指望这位外来专家能帮上什么忙，于是给了斯特恩一个期限：6个月，不见效就请离开。

历史上的问题解决专家似乎都有"魔鬼在细节里"的信仰。

斯特恩并没有陷入前文所述的"程序正义"之中，取而代之的却是深入越南村落，阅遍当地各种解决儿童营养不良问题的资料，试图

---

① 东南亚一种独有的载客三轮车。

在各种细节中寻找"最优解"。

他将自己的团队分成若干组,每一组带着秤、笔和笔记本深入村庄,将村庄中的孩子与父母的身体相关参数记下,进行了大面积的相关性验证。经分析并排除一些不可靠的样本,他发现即使同一个村子,家境相似的孩子,身体的营养状况也不尽相同。这时候,他再从点突破,通过深度访谈和跟踪了解那些营养状况相对好的家庭,终于发现了其中关键:虽然同样家境贫寒,这些家庭对孩子却有着与众不同的喂养策略。

第一,是喂食频率的不同。等量的食物,他们采用的是少食多餐策略。他们一天给孩子喂食四次甚至更多,而不是两到三次,如此有利于孩子消化。第二,是喂食方式的不同。这些母亲有更加积极且巧妙的劝食策略,必要时会亲手塞饭,施展中国妈妈的"塞也要塞进去"的大招。第三,喂食成分也不同。虽然家里穷,这些勤劳的母亲会在稻田里收集小鱼和小虾掺进孩子的米饭。此外,她们会偷偷地在孩子的米饭中添加被当地视为"低贱食物"的甘薯叶(我国当时也用这个来喂猪)。在她们的观念里,虽然甘薯叶是低贱的,但总比每一顿都没蔬菜吃要来得好。

掌握了这些细节后,斯特恩对越南不同地区不同村落的习惯进行了分析,并对喂食频率、方式和成分三方面的策略进行了本土化改造,分解为一套可行且连贯性的动作进行落实。

慢慢地,适龄儿童营养问题得以缓解。随之而来的是孩子们的精神更加容易集中,教育水平提升,居民健康意识上升,收入水平提高,卫生系统改善。一个正向飞轮被拨动后,速度越转越快,适龄儿童营养问题至今终于得到全面改善。

最优解策略

该案例出自著名思想战略家理查德·鲁梅尔特的《好战略,坏战略》。这个案例给老东的启示是:我们的资源永远是有限的,因此在面对某个真实世界的困难(大到国家战略,中到公司战略,小到个人发展,微至个人的时间安排)时,总有两种策略:

一种是程序正义,即将解决该困难转换为一个项目,然后将项目分解成任务,任务再分解成一项项工作,再把一项项工作分配到日常活动中。最后,依序完成日常活动,就可以认为自己已经做完了该做的。即使完成的结果不好,也可心安理得地归咎于资源不足(比如时间不足),留下一句感慨:非不为也,实不能也。

另一种是最优解策略,大概分为三个部分:

(1)通过深度的调研,找能撬动整体目标的"杠杆"。

(2)将实现该杠杆的方式分解为一系列"连贯性动作"。

(3)动作具有"飞轮效应",每完成一个目标有助于完成下一个目标,最终实现整体目标。

越南儿童营养问题的案例中,斯特恩团队通过深度调研,找到的"集中资源优化的点"是"喂食习惯",而不是平均收入水平低、卫生系统处于初期阶段、食物安全管控能力弱、居民健康意识薄弱等多个分散化且短期也无法改善的状况。

接着,斯特恩团队围绕喂食,横向分解了喂食频率、方式和成分三方面,纵向地就每个村庄的情况形成本土化策略,形成了一系列连贯性的可以落地的工作思路。连贯性的动作对内有利于斯特恩团队形成共识,力往一处使;对外有利于借助"28天形成一种习惯"理论[①],使越南人民改变对儿童的喂食习惯。在这里,连贯性是关键词。

最后,斯特恩团队在改变越南人民对儿童的喂食习惯后,孩子们的健康状况变好,精神集中度变高,有助于改善教育水平。而教育水平的改善,又有助于提升居民意识、提高收入水平、改善卫生系统,拨动飞轮加速转动,最终得以整体解决适龄儿童营养问题。

两种策略中,程序正义属于程式的、惯性的、直觉的解决策略。它的好处在于当决策者遇到困难时,甚至都无须过度分析,便可对解决方案了然于胸。在实践过程中,程序正义虽然也可在具体细节中通过发挥主观能动性,使人获得技艺的提升,但本质上人们将非常多的时间花在低水平的重复上,玩得更多的是"资源的加法游戏",在资源有限时难以解决大难题。

最优解策略则有点"资源放大器"的意味。它的第一个小步骤,即寻找杠杆时,是非连续性和非确定性的。但当我们找到了"打蛇七寸"的关键点后,投入带来的产出会被成百上千倍地放大。最重要的是,最优解策略会培养我们遇到困难时主动思考的能力,这些思考带来的认知有很强的复利效应,在往后余生的关键时刻,能帮我们解决大问题。

---

① 出自美国著名心理学家和医学家麦克斯威尔·马尔茨《心理控制术》。

可是问题来了，忙碌者如我们，只有很少一部分是决策者，而这种看起来属于国家或公司领导层才会关心的策略，于忙碌者的我们又有何干呢？

首先，在战术上，最优解策略在各行各业都有不少应用。相信您一定能在日常活动中找到类似的思维模型，提高工作效率或投入产出比。如在市场营销中，类似的思维模型是"定位理论"，该模型由著名营销学专家艾·里斯与杰克·特劳特提出。"定位理论"认为产品的营销不应直觉且程式地将营销费用拆分到各种传播渠道，而应先思考产品如何在受众心中创造独特的心智影像，再考虑资源投放。

其次，在战略上，最优解策略适合于各种组织的战略规划，这有利于忙碌者如我们，在大到公司管理，小至团队管理时，谨记作为领导者应该发挥的作用，同时保持对"垃圾战略"的警惕。作为领导者，我们的重要职责是弱化问题的复杂性和模糊性，在将其简化之后找到"杠杆"以及"连贯性的动作（或工作思路）"，并将其提供给自己的组织。同时，我们应该警惕那些不需要深度调研就可以得到的战略规划，比如喊口号式的战略、既要干这个又要干那个的战略、单纯的财务指标型战略等，努力寻找资源放大器。

上述内容老东并不打算延伸，一则本身对各行业所知甚少，二则偏离了投资话题。本书后面的内容中试图讨论的是：平凡的我们，在忙忙碌碌的一天中，如何利用有限的自由时间，实现高性价比的财富增长。而求解最优解的三个步骤，将是我们解开这个问题的武器。

除了最优解这项武器外，在开始讨论解决方案前，老东要再次强调忙碌者所面临的最大约束条件：时间非常有限。造成这个现象的原因是，我们将时间投入了被认为更有意义的领域——它们或是一份所热爱的工作，或是一项让人沉迷的爱好，或是一份沉甸甸的家庭责任。在本书中，老东并不打算回避"时间非常有限"这个约束条件。相反，失之东隅，收之桑榆，这个约束条件虽然看起来是劣势，但换个角度会成为我们得天独厚的优势，这将成为我们赖以战胜大多数专业投资者的根本，本书将为您一一呈现。

基于最优解的思维框架，本书将会讨论的内容如下：

步骤一：找到目标，即撬动财富增长的"杠杆"。

步骤二：将所欲实现目标转换为"连贯性动作"。

衍生效果：每个步骤中尽可能带有"飞轮效应"。

约束条件：时间有限。

围绕这个框架，本书的结构安排如下：

"理念篇"将讨论"步骤一"，同时会考虑"衍生效果"和"约束条件"。

"体系篇"将讨论"步骤二"，同时会考虑"衍生效果"和"约束条件"。

"操作篇"将主要以腾讯控股为例，讨论框架是如何落地的。

寻找杠杆的思路

在两个实现步骤中，通过深度调研找到可以撬动整体目标的"杠杆"至关重要。

自有财富的概念以来,"何种财富增长策略是最佳的"这个问题便应运而生。在近代,随着亚当·斯密200多年前写出《国富论》,马克思100多年前写出《资本论》,无数前辈前赴后继,替我们深度调研。各类方案群雄逐鹿,随着时间的推移,一个被称为"复利"的家伙脱颖而出,成为大家共同认可的"杠杆"。

复利的概念在今天看起来很平常,但在当时对人们的三观造成了极大冲击,丝毫不亚于物理学界的质能方程[①]。坊间传闻,物理学家爱因斯坦有一次出游时,被记者逮着机会,对他老人家一通狂问,希望能引导他说出质能方程是世界上最大的奇迹,问到最后,爱因斯坦却说道:"复利才是最大的奇迹,它的威力甚至超过了原子弹。"

这种说法今日看起来有夸张之嫌,但放在当时的历史情境人们十分能理解。在100多年前,复利的增长模式颠覆了人们对财富增长的认识——在此之前,人们认为财富只能很缓慢地、线性地增长。时至今日,忙碌者如我们因为拿的是每月定额工资,也会有财富增长只能是"愚公移山,日拱一卒"的错觉。

以人均GDP为例[②],欧洲在古罗马时代(公元元年)的人均GDP就达到了600美元。但过了1800多年后,工业革命前,欧洲人均GDP基本上还是和历史水平相差无几。中国历史上的很多太平盛世,比如两宋时期、明朝中叶、康乾盛世,人均GDP最高能达到600美元,但后来因为战乱又回到了450美元的水平。在非常长的历史期

---

① $E=mc^2$,该方程反映的是质量和能量之间的关系,故被称为质能方程。
② 英国著名学者麦迪森的研究。

间内，我们都已习惯了财富的线性增长，甚至是不增长，而不是"复利"带来的爆发式增长。

工业革命后，人们开始见识复利效应的厉害之处。比如，虽然每年只是增长1.3%，但从欧洲进入工业革命后至今，英国的人均GDP已经达到了4万美元，比工业革命前增长了近50倍。而在此之前坐过山车的1800年里，英国的人均GDP只涨了1/3。复利效应对于我国来说意义更大。从1979年改革开放以来，在短短43年里，每年复合增长只有6%，我国就实现了人均GDP十多倍的增长，而在此之前的2000年里，人均GDP不过是翻一番而已。

复利效应越到后期增长越可怕，其关键点在于"长期持续增长"。

正是由于稳定增长，公司和个人才有了嫁接复利效应，实现爆发式增长的可能。由此可见，要在投资上发挥复利效应的威力，找到一种"长期持续增长"的资产尤为重要。

借此资产，我们既满足约束条件，又能抱住复利效应的"大腿"，从而找到撬动整体目标的"杠杆"。因此，我们得以将"步骤一"转换为：寻找长期持续增长的资产。

让人苦恼的是，这种资产，在哪儿呢？

"莫急，有请我的搭档。"只见老东半躬身，右臂前屈伸，做出了一个邀舞的动作。

远处步履匆匆奔来了一位小姐姐。她着一身精致得体的正装，穿一双锃亮的黑色高跟鞋，披一头长发，有一张清新却干练的面孔，左手提着一个笔记本电脑包，右手握着一杯还冒着热气的咖啡，似嗔似怨道："您别闹了，快点儿，读者们等不及了。"

稀缺的优秀

这位小姐姐名为"小芸"，芸芸众生的那个"芸"。

她有着再普通不过的标签：28岁，女性，在一家金融公司从事科技方面的工作。

世上的忙碌者千千万，虽然与小芸从事的行业和公司各有不同，但忙碌者如我们，或多或少能从她的身上找到一些影子。因而，后文老东将邀请小芸一同参与讨论"核心问题"的实现步骤。相信小芸的参与，能让我们对解决问题的过程有更加具象化的认识。

我们再回到寻找"杠杆"这个问题。

"小芸"作为职场人，能接触的资产莫过于黄金、债券、房地产、股票四类。

四者中，房地产倒是大家耳熟能详的，遗憾的是门槛过高。除了在实体店（如她最爱的周生生）购买黄金外，也可以在一些基金网站或App中购买黄金的等价物——黄金ETF[①]。债券方面，小芸可以通过证券账户购买，也可以到银行购买，可交易品种一般包括国债、地方政府债、公司债、可转债等。另外，股票对她而言，可称得上不陌生且易得。于是，股票、债券、黄金成了小芸的潜在

---

① 黄金ETF通过投资于上海黄金交易所的黄金现货合约来跟踪金价，每份基金份额均对应0.01克黄金现货。

选择。

再来看三者的长期持续增长能力。

这方面的专业系统研究非常多。但无独有偶的是,研究结果几乎都证明了在股票、债券、黄金中,长期回报率最高的就是股票,其中比较权威也比较知名的研究成果,是沃顿商学院金融学教授杰里米·J.西格尔的经典著作《股市长线法宝》和伦敦商学院的研究成果《投资收益百年史》等。

在《股市长线法宝》里,西格尔教授研究了美国1802—2012年的全部相关数据后得出结论:1802年的1美元,分别投资于股票、长期国债、短期国债、黄金,并将其间所得收益继续再投资,到2012年的终值和年化收益率如表1-1所示:

表1-1 2012年的终值和年化收益率

	股票	长期国债	短期国债	黄金	物价指数
组合终值(美元)	13480000	33922	5379	86.4	19.11
年化收益(%)	8.09	5.07	4.16	2.14	1.41

资料来源:《股市长线法宝(原书第5版)》,机械工业出版社,2014年。

在超过200年的时间跨度里,出现了多次经济危机、货币危机、金融危机,局部战争和两次世界大战,这期间持有货币的投资者,被通货膨胀吞噬了95%的购买力,而股票的收益率则远远高于长短期债券及黄金投资,最终终值的差异大到令人惊讶。

这是不是美国的特例?会不会是因为美国的经济或政治制度导致股市存在某种"幸存者偏差"呢?伦敦商学院的埃尔罗伊·迪姆森教

授、保罗·马什教授和伦敦股票价格数据中心主任迈克·斯汤腾发表了他们的研究成果《投资收益百年史》，结论如图1-1所示。

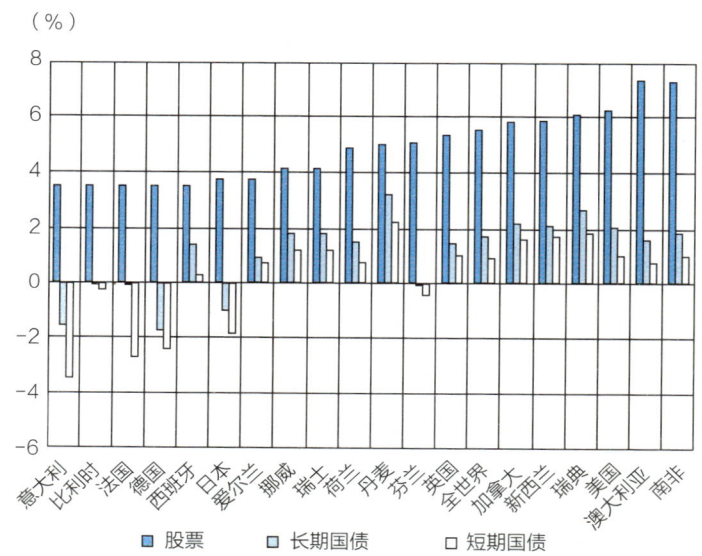

图 1-1　国际股票、长期国债与短期国债的实际收益率（1900—2012 年）

资料来源：《投资收益百年史》，中国财政经济出版社，2005 年。

伦敦商学院的这份研究，涉及四大洲19个能够获取数据的主要国家，涵盖时间段内经历过日俄战争、第一次世界大战、第二次世界大战、经济大萧条、朝鲜战争、古巴导弹危机、滞胀危机、石油危机、美元危机、冷战、美越战争、网络股泡沫等世界政治经济重大危机，无论是国家样本还是时间段截取，都更具说服力。

值得一提的是，这三位教授的研究中，都考虑了"幸存者偏差"。这使伦敦商学院研究所得的结论，比以往研究成果计算的股票收益率要低得多。例如在对1900—1954年英国股票收益率的研究成果上，过往的权威结论是年化9.7%的收益率，但伦敦商学院研究人员在考虑幸存者偏差等影响因素后，得出的结论是6.2%的年化收益率，缩减超过1/3。

即使在这样苛刻的条件下，研究人员发现，在所有主要国家，股票的长期收益率均远远超过长短期债券投资，且那些股票收益率低的国家，长期国债和短期国债收益率同样更低。平均来说，股票相对于长期国债的收益溢价为3.7个百分点，相对于短期国债的收益溢价为4.5个百分点。

绝大多数对于复利没有概念的朋友，可能很难想象这个收益溢价导致的终值差异究竟有多大。拿《投资收益百年史》里的两个数据感受一下：这些国家中，收益差最大的澳大利亚，1元本金投资股票百年之后是777249.7元，而投资长期债券百年之后是252元，投资短期债券百年之后是80.7元；收益差最小的瑞士，1元本金投资股票百年之后是1136.7元，而投资长期债券百年之后是73.2元，投资短期债券百年之后是25.8元。

但是，股票在大多数忙碌者眼中，是一种走势随机漫步的资产，今天跌了，明天可能涨，短期总给人一种涨涨跌跌不赚钱的印象。那么，究竟是什么导致了这个认知偏误呢？

一方面，老东认为是心理学的影响。辨析这方面原因的书籍非常多，如有投资界弗洛伊德之称的汉诺·贝克教授所著的《逆向投资心理学》，苏格兰知名学者查尔斯·麦基所著的《大癫狂》，甚至古斯塔夫·勒庞所著的赫赫有名的社会学大作《乌合之众》等，都说明了人们因为心理学上天然的"缺陷"，而导致陷入股票不赚钱的认知偏误。这些心理学效应包括：盲从、损失厌恶、锚定效应、心理账户、被动决策、狂妄自大、先入为主等。

另一方面，老东认为要"归功"于传播学。传播学者唐纳德·肖和麦克斯威尔·麦库姆斯提出的"议程设置"理论便是其中一个重要影响因素。该理论认为，传播虽不能完全决定我们对某一事件的看法，但可以通过提供特定的信息，有效地左右我们关注哪些事实，从而只形成部分事实的认知。由于传播的源头——媒体，更倾向于传播暴涨暴跌的事实，以吸引观众眼球，而那些稳定增长带来回报的事实占比过低，也不够酷炫，因此被报道的可能性也就低得可怜。在此基础上，又由于"沉默的螺旋"[1]，那些意识到股票是稳定增长的个体或组织，也不愿意传播其观点，更加剧了这个现象。

不过无论何种原因，究其根本，都是搞混了"报价"与"价值"两个概念。

股票是公司权益的凭证，其代表的是公司股权价值的一部分。因此只要我们能找到内在价值长期增长的公司，股票作为资产也是长期增长的。遗憾的是，由于心理学和传播学的共同作用，大多数忙碌者

---

[1] 该理论基本描述了这样一个现象：人们在表达自己的想法和观点的时候，如果看到自己赞同的观点受到广泛欢迎，就会积极参与进来，这类观点就会越发大胆地发表和扩散；而发觉某一观点无人或很少有人理会（有时会有群起而攻之的遭遇），即使自己赞同它，也会保持沉默。

如我们,都过度(甚至完全)关注报价,也即所谓的"股价"。

在漫长的金融史中,这一趋势逐渐被扭转。1929年开始的美国大萧条后,本杰明·格雷厄姆(下称格雷厄姆)在那个被认为股票就是投机的蛮荒年代,破天荒般提出"股票是公司的一部分""股市短期是投票机,而长期是称重机"等让人振聋发聩的观念,并著有《证券分析》《聪明的投资者》等一系列代表作,从此开启了"价值投资"的时代。

价值投资的基础思想,也是格雷厄姆理论的核心,是认为可以通过分析,找到优秀的公司,把公司的股权理解为一种具有长期可靠收益率的债权,以此嫁接复利效应,帮助投资者从财富的线性增长中跳出,踏上复利增长的快车道。

那么价值投资的实践家们的结果如何呢?

表1-2是有据可考的诸位价值投资大师多年的年化收益率。表中所示的对象或多或少地与格雷厄姆有直接或间接关系,且都秉承了价值投资的理念。

表 1-2 诸位价值投资大师的收益详情

	沃伦·巴菲特[①]	沃尔斯·施洛斯	查理·芒格	彼得·林奇	路易斯·辛普森
年化收益率(%)	18.90	20.10	19.80	29.20	20.30
记录年数(年)	55	47	14	14	25
收益率(倍)	13646	5477	13	36	102
记录年份(年)	1965—2019	1956—2002	1962—1975	1977—1990	1980—2004

注:①此处使用的是巴菲特在管理伯克希尔-哈撒韦公司期间的收益率。

给忙碌者的价值投资

从表1-2可以看出，尽管数据的记录年份有长有短，但价值投资的实践家们的年化收益率都不约而同趋向于20%。20%是什么概念呢？意味着净资产每4年就能翻一倍，10年后会是如今的6.2倍，30年后会是如今的237倍。

如果30岁的小芸A拥有净资产100万元，30年后退休（假设国家延迟女性退休至60岁）时，这100万元将变成2.37亿元。而同样的30岁小芸B，是百万年薪的高管，也以100万元起步，不进行投资，30年后有3100万元。二者净资产差别约7.7倍。

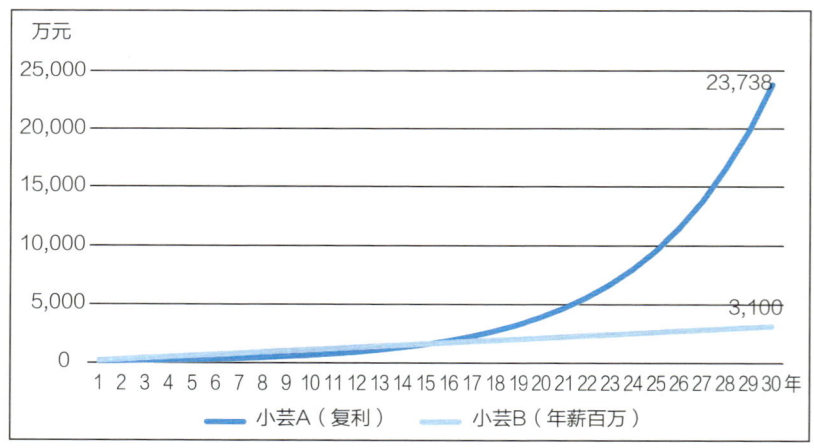

图1-2 小芸A和小芸B的收益比较

当然，如果考虑通货膨胀（按3%）因素，会发现更神奇的现象。

如果小芸30岁时净资产能有100万元，30年后退休时，能拥有净资产2.37亿元（假设30岁后小芸工资收入都用于消费，净资产仅依赖投资拉动）。彼时的2.37亿元即使扣除通货膨胀因素（按2020年CPI

增长2.5%计),也相当于如今的1.13亿元[1]。

看完这些推演过程和数据,小芸非常震撼,但仍不能完全理解。

价值投资的理论仅说明了股票是公司股权的一部分,公司股权价值的增长长期会反映在股价上。但优秀的公司,总会取得稳定增长的高额回报,那么是否还有更加底层的原因呢?

这个问题的答案大致由两部分构成。

一方面,优秀的公司处于社会金字塔的顶尖,虽然其商业模式引来模仿者、竞争者,但毫无疑问,它们的增长是会大于GDP增长的。而GDP稳定增长,正是它们稳定增长的基石。

另一方面,优秀的公司可以抵挡住竞争者的进攻,保持长期的竞争优势,也即具有常被提到的"护城河",使其能在销售端取得长足的增长,在成本端又可以通过规模效应(或其他的有类似效果的效应)摊薄成本,使得自由现金流[2]远高于GDP的增长。

这些优秀的公司可以来自任何行业,以任何组织形式存在,只是这样长期实现复利式增长的企业实在是少之又少,幸运的是要想找出来也并不难。

"我想我大概理解了。"小芸喃喃道,"这就好像大多数职场人都是'工具人',平均下来大家只能取得社会总薪酬的平均增长。但有极少部分优秀的职场人,他们利用自身的优势,或对行业专业技术有娴熟的掌握,或深谙组织管理的方法,或具备先进的理念,能在帮

---

[1] $2.37 \div (1+2.5\%)^{30} \approx 1.13$(亿元)。

[2] 指股东可以从公司中拿走却不影响企业持续经营的现金。

助组织快速成长上持续输出。此外，他们还利用闲暇时间不断提高各方面的效率，摊薄单位工作所需的时间，长年累月，便取得远高于社会总薪酬的平均增长。"

"这个类比挺形象。从长期而言，我们可以将优秀公司的股权等价成一张稳定付息且利率高的债券。借此，我们能稳稳地抱住复利效应的'大腿'。"老东缓缓说道，"优秀公司的股权，是披着股票外衣的债券，这是本书的核心思想。所以，我们的目标是寻找那些'股权能等效成债券的优秀公司'。"基于此，我们将本书讨论的内容重写如下：

步骤一：找到股权能等效成债券的优秀公司。

步骤二：将所欲实现目标转换为"连贯性动作"。

衍生效果：每个步骤中尽可能带有"飞轮效应"。

约束条件：时间有限。

"但是，我们都这么忙，寻找优秀公司看起来是个专业活儿，需要大量学习，我们怎么解决'时间有限'这个约束条件呢？"

第 2 章 能力圈：专业能力的更高级变现

忙碌者的禀赋

2010年夏季，南非世界杯小组赛，科特迪瓦对阵朝鲜。

彼时，双方鏖战正酣，科特迪瓦队在场面上全面占优。朝鲜队教练见势不妙，喊来朝鲜队队长洪映早交代战术。有"搞笑先生"之称的科特迪瓦队员埃布埃也跟随洪映早来到场边。丝毫不懂朝鲜话的他，在对方教练与对方队长交谈的过程中，面色凝重，频频点头示意。临了离开时，埃布埃还不忘给对方教练一个坚定的眼神，看起来他似乎完全理解了教练的指示，并且会坚定执行。

这一幕不仅让球迷乐得不行，当时压力山大的朝鲜队教练和旁边的助教也笑开了花，两人边笑边调侃，似乎在说："这埃布埃听懂了个鬼呢。"

上述一幕，稍微有点足球常识的人，都可以马上捕捉到笑点。但是如果我们把人类的通用常识和足球的专业常识统统忘掉，甚至就假设我们是一台"脑袋"空荡荡的有深度学习能力的AI，我们的学习能力究竟要达到什么水平，才有可能捕捉到这个笑点呢？

为了看懂这一幕。我们至少得知道：

（1）足球赛的规则是对抗而不是协同；

（2）埃布埃与洪映早身着不同的球衣；

（3）不同的球衣意味着不同的足球队；

（4）足球的规则要求球员须听从教练的战术部署；

（5）偷听对手队的战术部署不合适；

（6）不同国家的语言有很大差别；

（7）严肃认真的表情表示在认真聆听。

上面并未罗列完需要知道的常识。

实际上，如果我们继续罗列，会发现所需的常识的数量多得惊人。这还不算完，惊人的数量背后，还隐含着极多的常识性因果关系。这些"常识"和"因果关系"对沉浸其中的球迷来说是理所当然的，但对于一个只有深度学习能力的AI或者门外汉，俨然两道天堑。

首先是常识。

按目前AI发展的进程，虽可以用遍历的方法，穷尽我们所能输入各种常识，让AI掌握到与我们相当的水平，却是个非常庞大的系统工程。复杂系统前沿科学家梅拉妮·米歇尔在其著作《AI 3.0》中提到，当今的学界基本达成了一个共识，现阶段AI的难点在于学习人类的常识，许多前沿的公司正在针对该难点进行攻坚，并设计了一个个人类常识系统，在其中植入大量的如前文"搞笑先生"案例中的常识。

但目前最大的问题是，上述七点常识都是我们知道的，还有许多我们"不知道"我们知道的常识。就比如"搞笑先生"案例中，我们几乎不可能把所有常识一条条写出来。而所谓的人类常识系统，一些公司[①]在其中所罗列的共识已经达到了1500万条,遗憾的是,根据学者们的判断,这还只是常识总数的5%。一个专业人士在专业领域所掌握的常识数量,可能超过了3亿条。常识,构成了他在行业理解能力方面坚不可摧的"第一道护城河"。

其次是因果关系。

初中物理的课本中,我们曾用一个实验来解读温度计与温度的关系,其因果关系非常简单——温度上升,温度计的示数就上升。然而要让AI掌握其中的因果关系,几乎是不可能的事情。为什么这么说呢?

我们可以用A来表示温度计的示数,其对应的温度用P来表示,接着很容易得到二者的关系:$A=kP$,k是某个比例常数。代数运算允许我们有多种形式来书写该等式,比如$P=A \div k$,$k=A \div P$,或是$A-kP=0$。它们所表达的意义相同,即如果我们知道方程中的两个变量,那么就能确定第三个变量。字母k、A、P三者中的任意一个,在数学上都没有凌驾于其他二者的地位。那么,AI如何才能确凿无误地知道是温度导致了温度计的示数变化,而不是反过来?倘若这一事实都无法表达,我们又如何指望它们能理解其他因果关系?例如公鸡打鸣会不会导致太阳升起,或是树叶凋零会不会导致秋天来临?

[①] 指印度人工智能公司"Cycorp",其设计出的人工智能系统名为"Cyc"。

人工智能领域的权威专家朱迪亚·珀尔（也被称为贝叶斯网络[①]之父）在其《为什么》一书中提出，我们对因果关系的思考会经历三个阶段：思考关联关系，思考干预结果，对事实的反思。三者中，高的阶段依赖低的阶段。这个结构被称为"因果之梯"，如图2-1所示。

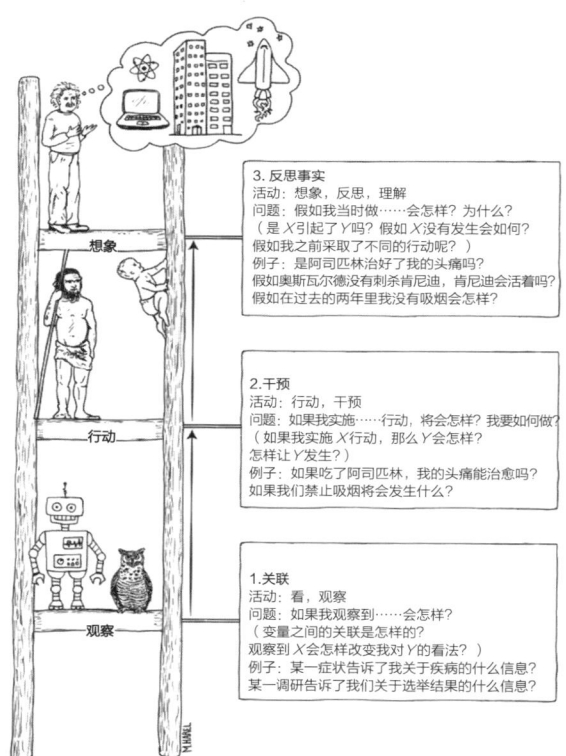

图 2-1　《为什么》中描述的人类对因果关系思考的三个阶段

---

① 贝叶斯网络（Bayesian Networks）也被称为因果网络，是描述数据变量之间依赖关系的一种图形模式，是深度学习技术的基础之一。

第2章 能力圈：专业能力的更高级体现

其中，思考关联关系处于第一阶段，是指无视因果关系，只是简单地基于统计学形成的事物间的相关性判断；思考干预结果是第二阶段，它指建立在因果关系上，思考假如我们做了某件事（不需要真做），会导致什么新现象发生；反思则是最厉害的第三阶段，它指我们对某个因果关系本身的反思，思考是否有可能因果倒置，或是没有因果关系，或是其他。

在温度计的例子中，供养AI的基础数据结构都不夹带因果关系，因此哪怕目前各个行业最优秀的AI能力，都仅能做到捕捉其中的关联关系。AI只能知道温度和温度计示数二者有关联，却无从知道因果的发生方向。当然，这并不妨碍AI基于大数据的深度学习做出"温度导致温度计示数变化"的判断，但在其底层，AI永远只知道"温度"与"温度计示数"是强相关的，无法从温度计原理来得知谁导致谁，更无法顺着因果之梯向上攀爬到第二、三阶段。

幸运的是，不同于AI，我们自呱呱坠地后几年，就天然具备思考干预的能力。我们在某个专业领域钻研得越深，掌握的思考干预能力就会越强，并且会在因果之梯上继续攀爬，在不自知中就掌握了专业领域之外的人看起来不可思议的对事实的反思能力。

今天学物理课的初中生，可以轻而易举地借助思考干预的能力，回答"如果我把温度计放到热火上猛烤，会发生什么现象"这样的问题，并对造成结果的原因心如明镜。而AI哪怕经过大量的统计学"喂食"，也只是找到了"火、温度计、爆炸"三者的关联关系，几乎不可能明白在真实世界，这三者有什么因果关系，更无法举一反三。

今日物理学专业的毕业生,几乎人人具备反思的能力。他们会思考"假如没有牛顿三大定律,物理学今日发展会如何",他们会反思"同一个对象在不同的坐标系是如何变换的",他们甚至偶尔会怀疑"物理学的某个基础假设是错的",然后仰望天空时设想"是否有某个特殊的东西在所有坐标系中都具有相同的速度"。实际上,100多年前,正是因为这些反思的能力,爱因斯坦提出了"光速不变原理",这才有了颠覆物理学旧有范式的相对论的诞生。

这项被称为因果之梯第三阶段的反思能力,是AI与专业外人士毕生想要而不可得之物,却是专业人士时不时就会邂逅的低垂果实。如果说常识是通过穷尽努力可以获得的,是一个线性堆积的过程,那么反思能力则是无序的和难以捕捉的,是一种因为忙碌者在专业领域不断思考关联关系和干预结果后,涌现的能力。专业领域的因果关系及其衍生的反思能力,是忙碌者在行业理解能力方面的"第二道护城河"。

"还记得核心问题中的约束条件(时间非常有限)吗?"老东瞅着小芸,缓缓说道,"忙碌者虽然在投资上可以花的时间非常有限,但言外之意是,忙碌者都在各自的专业领域花了大量的时间,并且非常专业。他们拥有外行无法比拟的常识,以及外行根本无从获得的对行业和公司的反思能力。价值投资的核心是认识公司并判断其价值,忙碌者早已具备得天独厚的优势,只是日用而不自知罢了。"

"可还是不太对呀。"小芸蛾眉微蹙,继续说道,"我并不了解所有行业呀,中国的上市公司有几千家呢,其他公司我怎么才能弄明白呢……"

老东看着她,并不打算打断她纷飞的思绪。

"我明白了!"小芸一双明眸睁得大大的,继续道,"所以为了利用这个优势,我们应该从各自工作的或熟悉的领域开始进行投资,对吗?"

老东点了点头,笑道:"我们通常把这称为'在能力圈内投资'。"

入世即入圈

那么,忙碌者的能力圈究竟是怎么建立起来的呢?

我们知道,大脑中充满了神经元。神经元拖着长长的突触,突触与突触的连接,实现了神经元间的连接。这些密密麻麻的连接构成了我们对现象的认识,最后形成了意识。这样的神经元,人脑中有无数个,它们大概长这样(如图2-2所示)。

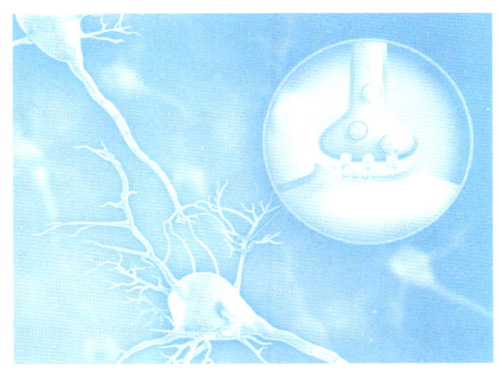

图2-2 神经元

给忙碌者的价值投资

在我们还处于胚胎发育阶段（受精卵）时，大脑看起来像是由一个个粗糙大块相互连接的肉团，整束的神经元杂糅成一团，还没有所谓的突触连接。

出生后，我们的大脑就开始被经验改造。不同的神经元间为了争夺突触连接，大打出手。成功连接的神经突触就会被反复使用，变得更强；失败的就只能萎缩消失。

从发展过程来看，我们大脑中20%以上的神经元在出生几个月后就消失了，随着时间的推移，上百亿个神经元消失殆尽，丢失的弱突触高达上百亿，但同时，几十万亿个突触也得到强化，"常识"和"因果关系"开始形成。在我们最为忙碌的20~35岁，突触连接的更新频率达到巅峰，随着对行业的记忆和学习，原有的突触连接被改变，新的突触长出，在一些脑皮层区域，甚至每个神经元会形成1万个突触。此时，最强的神经元组合成了最多的突触连接，整个神经回路发生改变，每位忙碌者于是各自形成了对行业得天独厚的理解力。

上述过程是诺贝尔奖得主埃德尔曼提出的"神经达尔文主义"，也正是忙碌者能力圈建立过程的生物学基础。由此可见，我们的大脑虽然是由基因赋予了学习的能力，但其神经元的连接形状是后天习得的。或者换句话说，是忙碌者自己的剧本捏出了能力圈。

入圈的机遇极其难得，因而也极其宝贵。既然宝贵，就自有其变现方式。

第一种变现方式当然是把它转换为工具属性，随后投身现代协作体系的职场，借助公司向社会不断输出价值——这几乎是忙碌者必选

第 2 章　能力圈：专业能力的更高级变现

的方式，小芸也是其中一位。在这种变现方式中，由于公司起到了"从人到社会"的价值输出纽带的作用，公司通过确定性的薪酬为个人提供了"刚性兑付"的价值回报，因此虽是相对低效的，却是相对低风险的。

第二种变现方式则不广为人知。它的本质是通过个人直接向社会需求变现，寻求打破刚性兑付的价值输出方式。由于没有中间者的存在，收益更大，但风险也更大，因此更要求忙碌者坚守能力圈。"在能力圈内进行投资"是其中一种方式，创业是另一种方式。

幸运的是，两种方式并不抵触，对于忙碌者而言，反而有一种正向的飞轮效应。忙碌者通过第一种变现方式建立的认识越多，对行业的理解越深，第二种方式的变现就有越高的收益风险比；然后第二种方式变现过程中积累的认识，又有利于增强或改善行业认识，反过来会改善第一种变现方式。二者就像一个滚滚飞轮，越转越快的同时，飞轮越变越大。

遗憾的是，或由于第二种方式的变现渠道并不普及，又或因为其理念不为大多数人知悉，大多数忙碌者仅停留在了第一种方式上。优秀公司的股票作为易得的、增长稳定的资产，只需要嫁接能力圈，就可以成为大多数忙碌者的第二种变现方式——我们也可把它称为"忙碌者的第二条增长曲线"。

如果说第一条增长曲线是线性的，第二条增长曲线则已被前文证明是复利式的。如果我们把能力圈的价值比喻成一座冰山，在职场获得的回报很像冰山露出海面的部分，对于大多数忙碌者，海面之下的部分被搁置或是遗忘了,但它蕴含的价值是巨大的。

　　冰山的比喻还有很多特点也与能力圈非常吻合。比如,第一和第二条曲线并不相悖,它们是连成一体的,没有本职工作,忙碌者也就无从习得海下部分的价值;再比如,一位忙碌者在海面以上表现的价值越大,表示其行业的理解水平越高,其蕴含在海面下的能量就越巨大。

　　由此可见,忙碌者看待"核心问题"中"杠杆"的态度不应是割裂的。换言之,忙碌者不应在意识到价值投资很不错后,立马草率辞职,全身心投入其中。相反,忙碌者在使用"杠杆"的早期,应更加珍惜来之不易的入圈机会,投身职场的实践,如饥似渴地撷取行业内的认知。如此,更有利于夯实自己的能力圈,为第二条曲线打下坚实基础。

　　因此,"投资能力圈内的优秀公司的股票"对于忙碌者而言,不仅是易得的和稳定增长的,更是时间投入性价比极高的一件事。这种"性价比高"不仅表现在投资上,更重要的是也能作用在忙碌者的工作中,让我们每天都变得更有意义和更加充实,而不是觉得投资和工作在互相抢占时间,互为对立面。

　　"比如你,小芸。"老东看着小芸若有所悟的样子,继续说道,"你作为一个金融科技从业者,公司少不了需要寻找外部的合作伙伴。阿里金融云和腾讯金融云,你应该没少接触吧?"

　　"嗯嗯!"小芸两只水灵灵的眼睛瞪得大大的,希望听到些什么。

　　"在阿里云和腾讯云给你们提供的解决方案中,你如果有意识,肯定能感知到两个团队的不同。"老东喝了口水,说道,"比如他们

第 2 章 能力圈：专业能力的更高级变现

的队伍构成，是销售+售前支持+架构师+技术专家，或是其他什么样的构成；再比如，他们与你们沟通的频率和引导能力，各有什么区别等。但在本职工作中，你本来就要去评价这些，对吗？"

"是的。我理解您的意思了！"小芸喃喃自语道，"我以前评价他们，纯粹从项目角度来看，而且很可能是例行公事的评价。但如果把他们当作被投资对象，我考量的积极性就会大增，这反过来也有利于我把本来就需要评价他们的这件事儿做得更好。"

"没错，等你真正把这招用到工作中，还会发现很多神奇的效应。比如由于你是站在公司经营角度来考虑阿里和腾讯的，你在给团队和领导提供意见时，就会相当专业，看问题会越来越透，知识的复利效应会慢慢地一点一滴地涌现。然后你会获得更多的认可，会获得更多的工作职能，反过来又让你的投资更加顺利。"

"我从没想到，仅是思维的转变，威力居然如此厉害。"小芸神色有些震撼。

"这正是忙碌者天然具备的投资优势。前面说的不同公司在服务时的太多细节差异，专业投资者是无从获得的。他们会花很多钱，做很多调研，然后看很多报表，但可能都不及你思维稍微转换后所能获得的对公司的认识。"

美国学者埃德加·戴尔在美国国家训练实验室进行了多年的实验，最终得到了"学习金字塔"的理论。该理论认为，我们的不同学习行为，获得的内容平均留存率是不同的。通过听讲和阅读（专业投资者常用）的方式，我们能获得的内容平均留存率是5%~10%。而讨论、实践（忙碌者常用）的方式，内容平均留存率是50%~70%。这意味着相同时间内，忙碌者的效率至少是专业投资者的5倍。

图2-3　美国国家训练实验室对学习留存率的研究成果

资料来源：美国缅因州国家训练实验室（National Training Laboratories）。

由此可见，对公司的研究，并不需要我们一定成为出世而专职的专业投资者。相反地，忙碌者虽然每天忙得不可开交，却因入世得以入圈，因入圈得以深度认识。基于能力圈的投资，得益于效率的成倍提升，完全可以解决投资者时间有限的问题。

于是，我们得以把"核心问题"中的"约束条件"进行替换，将原本沉重无奈的"时间投入有限"枷锁拿下，替换为令人鼓舞的、可控的"守住能力圈"。在本章最后小结处，我们将基于此对"核心问题"进行重述。

行文至此，实现步骤的第一步已经完成。但仍遗留了一个非常核心的问题：为了让我们有更多投资选择的可能，也为了让我们在这个产业边界越来越模糊的时代能更好地服务于我们本身忙碌的行业，忙碌者在初期因工作或生活形成的能力圈，如何有效地拓展呢？

第 2 章　能力圈：专业能力的更高级变现

破圈的诀窍

在多年的工作过程中，老东发现了一个有趣的现象：当工作挑战远低于技能时，人们会觉得这个工作无聊；但如果工作挑战太大时，人们会感到焦虑而想放弃；而当工作的挑战恰如其分时，则很容易进入一种绝佳的工作状态。因此，这个绝佳的挑战配比是否可量化呢？

知名专栏作家万维钢先生在《学习究竟是什么》一书中提到的"最优学习的85%规则"，是老东目前看到的最佳答案。

"最优学习的85%规则"源于一篇由美国亚利桑那大学和布朗大学的研究者共同撰写的论文。论文中，研究者可以决定用什么难度的数据去"喂食"一个AI的神经网络。研究者发现，如果数据难度太低，网络每次都会猜对，无从谈及进步。数据难度太高，网络就总是出错，参数会跳跃式变化而令人无所适从。研究者最终从数学建模出发，进行了理论推导，得出一个模拟生物大脑的神经网络模型的最优学习配比：意外率为15.87%（方便起见，下称15%）。

在体验心理学中，设计师们把因这个比例而进入的忘我状态，称为"心流"。当我们遭遇意外率15%时，会觉醒心流状态，这为忙碌者提供了一个破圈的思路。

我们初期的能力圈可以基于生活和工作构建，在生活和本职工作之余，我们或多或少会接触一些能力圈外围的公司。这时，最佳实践是：先别急着一头扎进这家公司浩瀚的财务报表，而是采用外围迂回的学习方式，每次保持给自己创造15%的意外率。

比如在工作中与该公司有业务往来时，每次多问一句为什么；比如在日常生活中遇到该公司的产品或服务时，多想想怎么回事。久而久之，会发现我们渐渐能理解该公司的商业模式，终于可以打开财报读读董事长的战略，最后再一步步地，终于了解了公司财务状况背后的内涵，将其纳入了能力圈。总而言之，让自己每次有机会研究该公司时，保持85%的熟悉率，15%的意外率，尽可能地让自己处于心流的绝佳研究状态，实现时间利用率的最大化。

"实际上，该理论的难处并不在于它本身，而在于我们要意识到它，并且主动利用它。"老东看着若有所思的小芸，继续说道，"我相信你过去在新进入某个领域时，也可能在学习过程中撞到过这个概率，只是没有意识到，后续也没用它刻意练习罢了。"

"不仅能力圈的延伸可以用这招，个人工作能力的延伸也可以用得上。比如在职业生涯初期，我们都是在扮演执行者，而且技能范围非常窄小。比如小芸你，起初可能只是个会画简单App原形图的小屁孩儿。但如果每次画需求时，你都设置少部分意外率，比如画到某个交互时，想想其他公司会怎么做，为什么会这么做；画到某个核心功能时，想想前后端开发会怎么联动，如何在数据结构上实现最优。"老东缓缓说道，"你会不自知地发现自己居然一眼就能看穿某些App的问题，甚至以同理心思考某个App设计背后的战略意义。15%的意外率，不仅能指导我们实现投资能力圈的突破，也能指导个人能力高效成长。"

"我想……公司的经营范围突破，似乎也能用这个？"小芸似乎想到了什么。

第 2 章 能力圈：专业能力的更高级变现

"有进步。"老东难得露出肯定的表情，"这个定律也可以帮助我们在研究公司时考量它的外延生长是否合理。比如某寿险公司，本身就与健康息息相关，公司衍生了医疗生态圈，大致符合15%意外率的理念。但某制造业公司，原本做空调的，却闹着要造车，这意外率就有点高了。不过，公司和个人还是有很大差别的，这还需要我们在往后的日子中不断学习，不可简单类比。"

本章小结

在本章的最后，我们对"能力圈"做一个简单总结：

（1）拥有行业的常识和反思能力，是忙碌者天然的禀赋。

（2）以所从事行业开始投资，更有利于本职工作，有极高的性价比。

（3）借助85%的熟悉率原则，从起初的能力圈向外延伸。

得益于"能力圈"的第一和第二个特点，我们终于能把"约束条件"拿下，更换为"在能力圈内投资"这种思维模型。为此，我们将本书框架重述如下：

步骤一：找到股权能等效成债券的优秀公司。

步骤二：将所欲实现目标转换为"连贯性动作"。

衍生效果：每个步骤中尽可能带有"飞轮效应"。

思维模型：在能力圈内投资。

分析到这儿，小芸表现出了一副摩拳擦掌的样子，急不可耐地说道："东老师，我准备好了，咱们快研究'步骤二'吧！我真的很好奇如何才能找到'股权能等效成债券的优秀公司'！"

"不急。"老东慢条斯理地说,"我们参与股票市场的交易,在开始前,还要做好两点充足准备:知彼(理解市场),知己(理解价值)。"

"喏,他们来了。"老东摆了摆头。小芸顺着老东所示方向看去,只见来了一个身材魁梧、表情时而冷漠时而狰狞的大汉。跟着大汉一同走来的,还有一只屁颠屁颠的小黄鸡。

大汉名为"市场先生"。

小鸡名为"公司价值"。

第 3 章　市场先生：涨涨跌跌是世界的真相

认知再评估

许多年前，初入职场时，导师曾问过老东这样一个思考题：你为谁而工作？

少不更事的老东在面对这样的"送命题"时，自然是乖巧地回答为公司和领导工作。当然，心里同时有另一个答案："废话，肯定是为我自己工作。"

带着这样的想法，老东开始了第一段工作经历。

在这段工作中，"我是为我自己工作的，整个公司是表达我能力的平台"的理念贯穿始终。在年轻的老东看来，自己是宇宙的中心，每天所做之事，都要计量能给自己带来什么样确定性的回报，比如为简历"镀金"。但很快，麻烦和焦虑也源源不断地产生。

我是确定性的，但周围的资源不因我而变，工作上遭遇了诸多不确定性。比如邻座小张总是"猪队友"、领导布置的工作我喜不喜欢、公司安排参加的培训是否能帮我提升技能、客户的需求总在变更。少时老东要判断的事情太多，更重要的是，这些不确定性都是散乱的，背后并没有一个能赖以为抓手，以供少时老东遇事不决时做出决策的准绳。

时隔多年，再回首这个问题，老东才发现另一个答案更有用——为社会而工作。

顺着这个思路我们可以继续问：社会为什么需要我们？因为它有很多问题需要解决。那么有什么问题亟待解决？这正是各行各业公司存在的价值。顺着这层逻辑再向下，是我们能为公司带来什么价值？这要视我们所处公司的商业模式、主营业务、发展阶段来确定。公司的主要问题可能是怎么做好销售、营运、营销、信息化、财务等。

这些问题按重要性排下来，哪怕是解决其中一小块，渺小如忙碌者的我们，在数目巨大的社会痛点面前，都会体现出巨大的价值。如此来看，社会需求是确定性的，唯一的不确定性变成了我们。而我们，却是可以自我控制的。于是，不确定性消亡了。这显然可以让我们避免复杂性灾难，心无旁骛地忙碌，工作和生活幸福度大为提升。

"从这个角度出发，考虑领导布置的工作时，评价标准不在于我本身喜不喜欢，而在于它是否真的给公司带来价值，从而解决社会的某类痛点。客户的需求变更给我们带来的烦恼，不再是其老是变更，或者老是不变更，而在于我们所解决的问题本身是怎么样的——或许解决这类问题本身就需要频繁变更需求，我们就是需要学会在频繁变更中提升专业能力。"

第3章 市场先生：涨涨跌跌是世界的真相

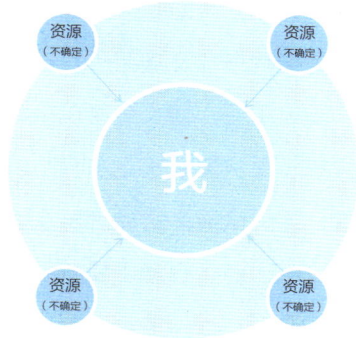

各种资源服务于我，
我为自己而工作

我服务于各种需求，
我为社会而工作

图 3-1 思考工作出发点的两种方式

在这个例子中，将直觉性的"为自己而工作"转换为有用的"为社会而工作"，正是近代心理学的一个重要方向：认知再评估。

"认知再评估认为，万事万物并不是只能有这一个评估准绳。同一个局面或同一件事情，我们可以从不同的角度去看。我们还可以举一个例子来看看它的威力。"老东上下打量了小芸一番，然后问道，"你应该偶尔参加同学聚会吧？"

"是的。"小芸缓缓点头道。

"好，假设某个周末，你终于不用加班，出门前已经认真梳洗打扮了一番，做好了闪亮登场的准备。接着你叫了一辆滴滴专车，去参加一个同学聚会，因为司机走错了路，又赶上堵车，估计要迟到较长时间了。这时你肯定心想，为什么偏偏这时候堵车，急死老娘了。"

"嗯……是的。"小芸有点尴尬。

"堵车的确是你迟到的重要原因，这从直觉来看没有任何问题，

给忙碌者的价值投资

但这样的评估，除了带给你愤怒的情绪外没有任何帮助。你或许会想还有这么多人等着我，或许会想别人肯定觉得我在故意摆架子，越想愤怒和懊恼的情绪越严重，于是毁了一个周末的好心情。"老东接着说道，"借助认知再评估，我们可以这样想：每次聚会班花总会叽叽喳喳地说个不停，这次迟到正好少听她说几句。又或许切换到群众视角，没人会在意我迟到。晚到一点也可以少吃一点，有助于我减肥。你要是这么想，堵车是不是就从坏事变成了好事？"

实际上，认知再评估几乎在忙碌者的工作和生活中的每一处都有妙用。

在"为社会而工作"的例子中，当我们改变评估标准，会发现同样的问题会有截然不同的解法。比如评价领导布置的工作有没有价值，不再是我们喜不喜欢，重点是能否提升我们解决社会中某类普遍存在的问题的能力；再比如评价行业是否在走下坡路，不再源于茶余饭后，而是从社会和公司发展的方向来思考。简而言之，认知再评估的最大好处，是能让我们从复杂性和不确定性中抽离，聚焦确定性，实现自我成长。

就如纳粹集中营幸存者、精神病学家维克多·弗兰克说的那样："最重要的不是你期待从生活中得到什么，而是生活对你有什么期待。"

"认知再评估，正是我们利用眼前这位大汉——市场先生的最佳武器。"老东用手遮住小芸的一侧耳朵，细声说道，看起来似乎生怕这大汉发飙。

第 3 章 市场先生：涨涨跌跌是世界的真相

谁决定了价格

在第1章中，我们曾提到格雷厄姆作为鼻祖，贡献了非常多的有关价值投资的理念。在诸多理念中，其较为深远的贡献之一，是创造了眼前的大汉——市场先生。

格雷厄姆把每天股票市场的交易比喻成了市场先生。市场先生是我们假想的生意伙伴。他每天都想着买走我们持有的公司股份，或者卖给你他持有的公司股份。在他乐观的时候，只会看到企业的有利影响因素，这时他会报出很高的买卖价格。在他情绪低落的时候，他只会看到企业和世界的负面因素，这时他会报出一个很低的价格。

此外，市场先生是一个乐于助人的热心人，他每天都会给你一个报价，你可以买入也可以卖出。市场先生还有一个可爱的特点：他不介意被忽视。如果你今天对他的报价不感兴趣，他明天还会给你带来一个新的报价。是否交易，完全由你抉择。

可问题是：怎么评估他的出价是绝望的还是乐观的呢？

这个问题的本质是：资产的合理价格究竟是由什么决定的呢？

从日常经验而言，价格是由"供需关系"决定的，并且围绕供需关系上下波动。小到白菜和猪肉，大到金银珠宝，无不如此。在收成不佳的日子，白菜的供给有限，但需求端变化不大，因此白菜供需失调，价格飞涨。明朝末期，西班牙人在南美洲发现了银矿，大量的白银有一半流入了中国，导致作为硬通货的白银供需平衡被彻底打破。有一派历史学家认为，此举成了明朝灭亡的导火线。虽然供需关系在单一产品模型上是没问题的，但一旦涉及多个产品的供需关系，由于无法找到统一的供给或需求变量,在经济学历史上遭到了非常大的质疑[1]。

另一种关于价格来源的观点,被称为"价值决定论"。这里的"价值"是指可以给资本带来回报的水平。这类观点源于20世纪,并随着债券市场和股票市场的兴起,在格雷厄姆、巴菲特、芒格、菲利普·费雪、彼得·林奇等一众投资大师的验证和推广下,已成为资本市场的重要共识。它的原理也很简单:对于资本来说,低于平均利润率的积累速度,资本就会缩水或者破产,因此资本天然会去寻找那些被错误定价的高回报资产,从而抬高资产的价格水平,使得高回报资产的回报率最终趋向于正常值。举个例子,如果市场的无风险利率是3%,而有一种面值为100元[2]、一年后到期、年化收益率为6%的债券,那么该债券大概率会在市场上以102.92元出售,而不是以100元出售。如此,以102.92元买入该债券的投资者,仅能获得3%的回报率 [102.92×103%≈106(元)]。

与"为谁而工作"命题类似的,两种价格决定论的观点,只是看待事情的两个角度,虽然在经济学中各成学派,难言对错,但在老东看来,它们在"有用性"上,有云泥之别。从这点来看,"价值决定

---

[1] 新古典综合学派(剑桥学派之一)的供需关系理论认为不同产品之间可以进行加总(被称为异质品加总),从而来计算供需关系。但在1960年前后的"两个剑桥"经济学派争论过程中,异质品加总问题被新剑桥学派作为抨击新古典综合学派的重要论点之一。

[2] 1年后返还的本金为100元。

第 3 章 市场先生：涨涨跌跌是世界的真相

论"有用太多。

如果以"供需决定论"来评估资产的合理价格，我们马上会陷入复杂性灾难。比如不同公司的"概念"不同，我们需要评估近期这个概念是否更为稀缺。再比如资本市场的需求量是用资金量来表达的，因此又要评估广义货币供应量等。在资本市场，大多数人会直觉地使用这套评估模型，于是搞出各种分析股票成交量和成交价的理论，比如天量天价[①]、地量地价等。

如果以"价值决定论"来评估资产的合理价格，则会简单很多。对我们而言，仅需要判断公司未来能产生的自由现金流，就能预测公司未来每年可以带来的回报。在此基础上，我们可以采用自由现金流折现法（下称DCF），把公司未来每年产生的回报全部折算成今天的价格，再加总就是公司的价值。此时我们再来看股票市场的买卖，无非当市场先生出价高于该价值时，公司就高估；低于该价值时，公司就低估。至于高估低估多少就卖出或者买入，就全凭个人拿捏了。

当然，对于公司"未来能产生的自由现金流"的判断绝非易事，就如"为谁而工作"中"为服务于社会的需求而工作"也不是一件易事那般，都依赖于持久和专注的投入。但无论如何，我们并不需要再面对复杂性灾难，转而可以心无旁骛，借助能力圈的威力和拓展能力圈的诀窍，聚焦确定性，一步一个脚印，实现自己的成长。

"纵然如此，我们必须承认，价格确实是由交易双方交易出来

---

① 认为如果有很大的交易量，股票就会有很高的价格。

的。因此，价格或时而由资金的供给决定，或时而由交易市场中大多数人的情绪和风险偏好决定，也或时而由公司所属概念的稀缺程度决定，但它也会有由价值决定的时刻。价格就像一个钟摆，摆来摆去，最终还是会摆到价值上。因此，如果一定要问价格究竟什么时候由价值决定，加上个'中长期'会让答案更为可靠。"老东说道。

"要有中长期的前置条件啊……"小芸抿着嘴，似乎在想着什么。

"掌握一个思维模型的关键，在于知道它的边界在哪儿。"老东补充道。

价值回归

"所以中长期条件，就是价值决定价格这套方法论的边界……"小芸若有所思，继续说道，"价值投资者们常念叨的'价值只会迟到，不会缺席'，重点并不是在说时间，而是在说方法论的适用边界。"

"是的。"老东淡淡说道，"其实不仅是股票市场的价格，在我们各自忙碌的领域，凡涉及'自身价值'和'他人评价'的，都或多或少有此规律的影子。"

比如对于公司经营者而言，公司的经营也不是一帆风顺的，而是"价格回归价值"的。一方面，公司每年的经营成果会由于行业周期性而呈现波动性。另一方面，公司也可能因为短期抢占市场而持续投入，导致经营战略性亏损，甚至越亏越大。

此时，公司会面对非常大的外部质疑，很多投资者会弃它而去。在他人眼中，公司会被说成日落西山。此时，唯有经营者在孤独中咬牙前行，并始终坚信公司价值是一直在上升的，而不是像他人评价的那般剧烈波动。而终有一天，他人对公司的评价会回归到公司价值。只是对于经营者而言，那一天同样需要等待。比如在《20个月赚130亿：YouTube创始人陈士骏自传》一书中，YouTube创办早期异常艰难，事后来看，陈士骏本人是这样描述的：

从创业的角度来看，当然不能说YouTube的成功是"等"来的，可是，从时间线上看，在我们把YouTube打造成一个易用的、稳定的、简洁的网站之后，我们确实不知道这个网站什么时候才会真正地"热门"起来。我们只知道，如果你在选择某个网站上传、放映和分享评价一个影片，那么YouTube肯定是最好的。可引爆它的导火线什么时候才会出现，我们不得而知。

如果我们把招聘市场对我们的报价理解为"他人评价"，把我们能为社会带来的价值理解为"自身价值"，会发现这种"等待价值回归"的现象，不仅发生在投资者和经营者身上，也发生在忙碌者个体身上。

在个人成长过程中，只要方法得当，随着通用技能和专业技能的提升，大概率上"价值"是一直增长的。遗憾的是，个人的"价格"并不是一直随着"价值"增长的，而是与"价格回归价值"雷同，时而低于价值（比如不在合适的岗位），时而高于价值（比如德不配位时），但中长期而言，个人的薪酬总是随着价值增长的。这也是为何人力资源管理理论总在强调，忙碌者们都应该把心思花在能力提升上，而不是聚焦待遇水平。

有了"价值"这座灯塔，小到个人的创业、工作和投资，大到公司和行业的发展，我们要盯着的都应该是创造价值与否，而不是市场对我们的报价。禅宗常言，闻理似悟，遇境则迷。很多时候都因我们过多关注"境"，而忘了"理"罢了。

本章小结

在本章的最后，我们对"市场先生"做一个简单总结：

（1）认知再评估是认识市场的好工具。

（2）借此工具，我们评估出了市场的确定性：价值决定价格。

（3）价值决定价格，即价值回归模型成立的边界是：中长期。

（4）价值回归，包括但不仅限于投资。

从上述四点可以看出，市场先生不仅行为怪异，其行为的确定性逻辑也和我们生活工作想要的及时反馈大有不同，而对他的认识，将是决定我们未来投资胜败的关键之一。为此，老东认为思维模型还得加上一个"认识市场先生"，本书讨论的问题转换如下：

步骤一：找到股权能等效成债券的优秀公司。

步骤二：将所欲实现目标转换为"连贯性动作"。

衍生效果：每个步骤中尽可能地带有"飞轮效应"。

思维模型：在能力圈内投资，认识市场先生。

第 3 章　市场先生：涨涨跌跌是世界的真相

"市场先生真是与众不同啊……"小芸说着，款步向前，似乎不再惧怕眼前这位彪形大汉。只见她走到市场先生面前，缓缓蹲下，摸了摸他旁边的小黄鸡，朝老东回头，眯着眼笑道："这只叫作'公司价值'的小黄鸡，又有什么特别之处呢？"

第 4 章 公司价值：灰度思考与黑白决策

安全边际

在忙碌了一天后，安谧静美的夜晚，老东与太太往往会在小区踱步，穿过郁郁葱葱的树林，来到小区外围的商铺时，我们总会看到汹涌的人群挤在一家红色粉饰的菜铺中。他们挥洒着汗水，手中提着满篮的肉与菜，在收银台前排成了有秩序的长龙，一个个面色凝重地盯着手机或手表，等待着神圣时刻的到来。

那是"钱大妈"品牌的忠实追随者。大爷、大妈、拖鞋、扇子、遛狗，是他们的重要画像。走进店内，一个牌子赫然入目，上面写着"从19点开始每半小时降低一折，到23:30的时候免费送"，菜铺内部广播也是一直播报着打折信息。而众人等待的，正是被广播的"价值低估"时刻：整点打折。

降价打折中隐含着一个常识上不证自明的重要假设：商品打折，买到就是赚到。格雷厄姆将打折的部分称为"安全边际"，并用其形容某项资产的内在价值和成交价格之间的差值。后来，施洛斯、巴菲特等人将这个词发扬光大。安全边际逐渐成了一门投资哲学，体现的是以尽量低的价格购买资产，从而创造更大的容错空间，降低风险。

在后人汇编的格雷厄姆的大弟子施洛斯的《沃尔特·施洛斯资

第 4 章 公司价值：灰度思考与黑白决策

料集》中，无处不体现着对安全边际的追求，比如施洛斯是这样描述的：

> 买股票就要买得值。我们不断寻找低估的股票。我们从头到尾地翻看标普手册。不管什么股票，我们都不会以两倍市净率买入。这是我们的原则，我们绝对不会违反。

在格雷厄姆、施洛斯、早期巴菲特的眼中，追求安全边际最朴实无华的做法是：通过财报得出公司的有效净资产，并在此基础上打折买入。其根本逻辑与大爷大妈排队整点秒杀"钱大妈"的打折菜并无二致。正如格雷厄姆在《聪明的投资者》中所说，"买股票要像买菜一样买，不能像买香水那么买"。

像买菜一样追求净资产的打折，从而追求安全边际，是美国经济大萧条的直接产物。

1917年股市大跌，同时唱片店的款项又被外聘经理挪用，这两件事给格雷厄姆留下巨额负债，新婚不久的他曾想过自杀。因此，再次出山后，格雷厄姆在投资时首先想的是不亏钱、是对向下风险的保护，所以他的出价无比吝啬。当格雷厄姆看到一块精致的宝玑牌腕表，他能想到的价值其实就是一堆零件能值多少钱，并通过加加减减求出腕表的价格。如果要让他愿意为之掏腰包，还非得在此基础上打个很大的折扣不可。

"现在的问题是，你同意这个观点吗？"老东蹲下来，也摸了摸小黄鸡毛茸茸的头，继续说道，"换言之，你认为小黄鸡的价值，就是它等价的鸡肉价格,然后所谓安全边际,就是在这个鸡肉价格上打个几折吗?"

"小鸡的价值,在于鸡肉吗?"老东又问了一遍。

小芸看着他,不知如何作答。

简易财报与自由现金流

为了更好地回答该问题,我们还需要认识一家公司的"业绩报告"长什么样。

尽管上市公司的经营范围各有不同,财报多达上百页,但对于忙碌者而言,重要的内容非常有限。以一份150多页的公司年报为例,老东建议初学者按如下方法阅读。

图 4-1 财务报告示例

第 4 章　公司价值：灰度思考与黑白决策

如此看来，要想迅速了解一家公司，需要重点看的内容不足20页。图4-1中第3和第4部分合计11页左右，皆为文字，读过并记下重要或不理解的语言即可。第2部分和第9部分皆为数字，钩稽关系较强，是最花时间的。至于其他部分，在阅读过程中再因需扩展即可。

以老东的经验，在能力圈内并通过刻意练习，忙碌者读透一期财报的时间只需1小时。一家公司全年最多也就发4期财报，因此跟踪一家公司，在财报上所花的时间，全年也莫过于4小时。如果以跟踪5家计，也不过20小时，但换来的回报是巨大的。

在上述需要阅读的业绩报告内容中，"财务报告与备注"中的"财务报表"是公司长相的"快照"，对于初学者尤为关键。"财务报表"一般包括资产负债表、利润表、现金流量表三张报表[①]，它们分别记录了公司的如下内容：

（1）资产负债表：记录了资产、负债、净资产的情况，它像一张快照；

（2）利润表：记录了过去一段时间内，公司的收入是怎么转换为利润的；

（3）现金流量表：记录了过去一段时间内，公司账户的现金流是怎么流进流出的。

接下来，让我们设想一家经营小鸡的养鸡场。这家公司开局有100元的现金和小鸡1只（卖肉可以卖100元）。那么在开局时（第1

---

① 实际上还包含所有者权益变动表，但此表没那么重要。

年初），养鸡场的资产为200元，负债为0，净资产（资产减去负债）为200元。公司的资产负债表如下所示：

表4-1　养鸡场资产负债表（第1年初）

（单位：元）

资产	200
现金	100
肉身	100
负债	0
净资产	200

第1年末时，小鸡累计产下100个蛋，平均每个蛋卖1元，养鸡场合计收入100元。养鸡场需要支出小鸡的饲料费为80元，公司获得净利润20元。公司的利润表如下：

表4-2　养鸡场利润表（第1年内）

（单位：元）

营业收入	100
营业支出	80
净利润	20

遗憾的是，养鸡场下游的经销商是个大型经销商，对养鸡场有足够的议价能力，因此养鸡场本期并没有实打实地收到100元，而只是收到了一张100元的兑现承诺，在会计上记为应收账款（是一种资产）。但另一方面，养鸡场今年实打实地支出了80元的饲料费，没有任何现金流入，因此公司经营性现金流净流入为-80元。

第 4 章 公司价值：灰度思考与黑白决策

表 4-3　养鸡场现金流量表（第 1 年内）

（单位：元）

经营性现金流净流入	-80
经营流入	0
经营支出	80
投资现金流	0
融资现金流	0

资产负债表方面，公司今年花掉了80元现金，因此现金仅剩下20元。与此同时，公司收到了100元应收账款，与现金20元、鸡肉身100元，共同组成了220元的资产。由于公司没有任何负债，净资产为220元。

表 4-4　养鸡场资产负债表（第 1 年末时）

（单位：元）

资产	220
现金	20
肉身	100
应收账款	100
负债	0
净资产	**220**

第2年末时，小鸡仍是累计产下100个蛋，养鸡场合计收入100元。同样地，由于养鸡场仍支出饲料费80元，公司获得净利润20元。公司的利润表如下：

表 4-5　养鸡场利润表（第 2 年内）

（单位：元）

营业收入	100
营业支出	80
净利润	**20**

给忙碌者的价值投资

这一年内,由于公司已在行业内具备一定的话语权,下游经销商终于以现金结账100元。同时,养鸡场主表现出非常强势的经营理念,养鸡场上游的饲料商接受了公司赊账的方式,因此,从现金流的角度来看,公司不仅收到了100元,还暂时不用支付80元的饲料费,由此产生了现金流净流入100元。

表 4-6　养鸡场现金流量表(第 2 年内)　　　　(单位:元)

经营性现金流净流入	100
经营流入	100
经营支出	0
投资现金流	0
融资现金流	0

资产负债表方面,公司今年收到100元,没花出去任何现金,因此现金变为了120元。120元的现金,与100元的应收账款和100元的鸡肉身,共同构成了320元的资产。与此同时,公司向上游的饲料商赊账80元,产生了80元的应付账款(负债的一种),因此录得80元的负债。320元的资产减去80元的负债,净资产为240元。

表 4-7　养鸡场资产负债表(第 2 年末)　　　　(单位:元)

资产	320
现金	120
肉身	100
应收账款	100
负债	80
应付账款	80
净资产	240

第 4 章 公司价值：灰度思考与黑白决策

第3年末时，公司仍是产生了100元的营业收入，并产生了80元的营业支出。这一年内，公司采用中性经营策略，因此上下游都没有赊账。三张报表分别如下：

表 4-8 养鸡场利润表（第 3 年内） （单位：元）

营业收入	100
营业支出	80
净利润	20

表 4-9 养鸡场现金流量表（第 3 年内） （单位：元）

经营性现金流净流入	20
经营流入	100
经营支出	80
投资现金流	0
融资现金流	0

表 4-10 养鸡场资产负债表（第 3 年末） （单位：元）

资产	340
现金	140
肉身	100
应收账款	100
负债	80
应付账款	80
净资产	260

自此以后，养鸡场保持了第3年的经营策略。遗憾的是，在第1年和第2年产生的应收账款与应付账款一直没兑现。将养鸡场历年的净利润、现金流、净资产摘出，列支如下：

表 4-11　养鸡场历年的净资产、净利润、经营性现金流

（单位：元）

科目	第1年末	第2年末	第3年末	第4年末	第5年末	……
净资产	200	220	240	260	280	…
净利润	20	20	20	20	20	…
经营性现金流	-80	100	20	20	20	…

为了方便讨论，还有一个在前文数次被提到的科目——自由现金流，需要我们进行辨析。

自由现金流的定义是"每期股东们可以从公司拿走，而不影响公司继续经营的现金流"。按晨星公司《股市真规则》等经典投资类书籍所述，其计算方法可以简化为：

自由现金流 = 经营性现金流 - 资本开支

由于养鸡场并没有想着扩张，每年的资本开支为0，我们可以简单地认为自由现金流等于经营性现金流。又由于养鸡场赚的是真钱（虽然起初两年有应收应付的影响），我们可以认为从中长期（还记得我们模型起作用的边界吗？）而言，经营性现金流约等于养鸡场的净利润。从而我们可以得到更为简单的自由现金流的表达式：

自由现金流 = 净利润

上述逻辑简化的过程，有个非常重要的"确定性假设"：公司稳定持续赚真钱，是一张类似稳定付息的债券。若非如此，自由现金流的简化就无从谈起。

值得一提的是，"赚真钱"的意思，并非指我们仅要排除那些财务造假的公司，同时要排除那些因为在产业链中处于弱势地位，赚的

第 4 章 公司价值：灰度思考与黑白决策

钱全部是供应商或客户的应收账款的公司，以及那些因为资本性投入巨大，每年赚的钱都要重新投入再生产，如大量修建厂房的公司。关于"赚真钱"，查理·芒格有个经典的论述：

"世界上有两种生意，第一种可以每年赚15%的收益，到年底股东可以拿走所有利润；第二种也可以每年赚15%，但是你不得不将赚来的钱重新投资，然后你指着所有的厂房设备对股东们说：'这就是你们的利润。'我恨第二种生意。"

至于怎么判断"稳定持续地赚真钱"，我们将在"体系篇"中详细展开讨论。

对于那些在能力圈内但不满足上述标准的公司（或部分满足），能不选择就不选择。若非要对其进行投资不可，老东的建议是：在计算自由现金流时，仍采用"自由现金流=经营性现金流-资本开支"的经典算式。

但无论是何种公司，我们都应该更多地将自由现金流当作一种思维方式，而非精确计算。在计算过程中，即使采用"自由现金流=经营性现金流-资本开支"，也无须特别介怀一期或几期的"经营性现金流"和"资本开支"的精确数据，仅需通过归纳过去更多年份的数据，同时结合企业当前的商业模式、护城河、管理层等关键要素，得出大致数据即可。

别小瞧了这个"模糊思考"的思维方式。在老东投资的初期，如何有效计量自由现金流始终是个头疼的问题，还有不少投资者会像当初的老东那样揪着每期财报中的"经营性现金流"，然后通过复杂的公式构造出每期的"资本开支",疯狂地按着计算器——实际结果是费力还不讨好。就如巴菲特念叨的那样,我们宁可要模糊的正确,也不要精确的错误。

由此,我们得以将养鸡场的每年经营状况添加上自由现金流,如下:

表 4-12 养鸡场历年的净资产、净利润、自由现金流、经营性现金流

(单位:元)

科目	第1年末	第2年末	第3年末	第4年末	第5年末	……
净资产	200	220	240	260	280	…
净利润	20	20	20	20	20	…
自由现金流	20	20	20	20	20	…
经营性现金流	-80	100	20	20	20	…

将企业的财务报表简化为三张简易的报表,外加简化版的自由现金流,老东认为这是忙碌者在刚开始投资时,需要掌握的全部财务知识了。更多详细的科目,可以在今后的学习中,秉承15%意外率的原则,在面对具体的挑战时,再慢慢学习。千万不要用学院派的全局思维来学习财务报表,谨防信息过载。

价值由挑战定义

让我们把时间再拉回第一年初,此时公司的资产负债表如表4-1所示。假设我们手持现金要买下这家公司的一部分股权,我们有两种思考方式:

第 4 章　公司价值：灰度思考与黑白决策

第一，公司的价值等于其净资产（或打一定的折扣），预定假设是"公司价值等于其清算价格"。这是格雷厄姆（也是早期巴菲特）的思想，其背后的逻辑是，未来是不确定的，现在是确定的，购买养鸡场买的就是它现在的清算价格。在这派投资者眼中，小鸡等于其肉身的价格，这与在"钱大妈"买菜的大妈大爷的思路并无二致。予以买入价一定的折扣，是为了让这笔投资具备一定的安全边际。在这种思考方式下，养鸡场的价值等于100元打个折扣，比如80元。

第二，公司的价值等于其能产生的自由现金流的折现（或打一定的折扣），预定假设是"公司价值等于其提供的资本回报水平"。这是后期巴菲特和芒格的思想，其背后的逻辑是，认为买公司就是买未来，买的是养鸡场源源不断为股东创造自由现金流的能力。而之所以要打折，也是与上述第一点相同，为了形成一定的安全边际。

在这种思考模式下，养鸡场的价值等于其未来自由现金流折现。已知养鸡场每期自由现金流皆为20元，折现率可以采用无风险利率（十年期国债利率，假设为3%），由此我们可以得到其公司价值等于：

$$公司价值 = \frac{20}{1+3\%} + \frac{20}{(1+3\%)^2} + \frac{20}{(1+3\%)^3} + ... \quad （式4-1）$$

在第3章的"谁决定了价格"一节，我们已经辨析了"价值决定价格"从有用性角度，更能帮我们从复杂性灾难中脱离。而"价值决定价格"中对"价值"的定义，是可以给资本带来回报的水平。由此可见，第二种理解更适配于价值决定论。

要强调的是，理解市场先生（什么决定价格）的结论，即"价值决定价格"是认知再评估的一种结果。它与其他诸多结果，如供需决定价格，甚至消息决定价格、内幕交易决定价格等，都可以成为认识市场先生的一个角度。同样地，正是基于"价值决定价格"，我们才选择将"自由现金流折现"作为"价值"的定义。这一选择让我们的体系得以自洽，仅此而已。对市场先生的理解是对价值定义选择的前提，它们的关系可以用图4-2进行表达。

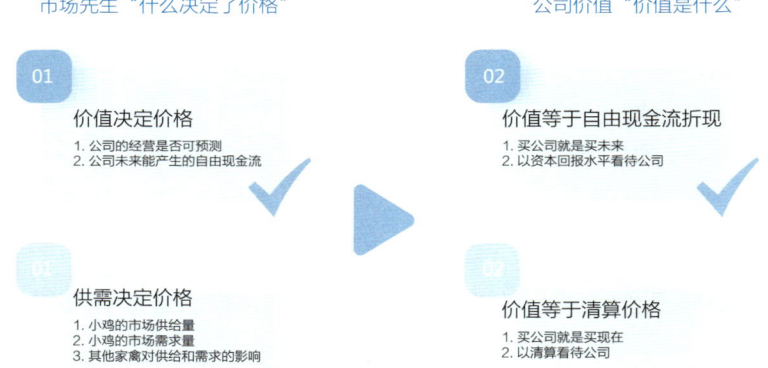

图4-2 "价值决定价格"与"价值等于自由现金流折现"相匹配

与自由现金流一脉相承，自由现金流折现法虽然是一种计算方法，但它不是精确的科学，而是一种模糊的思想。它更像是在茫茫大海为我们指明方向的北极星，而非精密制造、矗立岸边的灯。因此，在使用时，大可不必在过度计算中浪费精力。

预期的最优解

有了"价值决定价格"的公理，我们才有了"价值等于自由现金

第 4 章 公司价值：灰度思考与黑白决策

流折现"的定理。在此基础上，对于饲养小黄鸡的养鸡场而言，我们有了其公司价值的计算式，再结合"模糊的精确"的理念，我们似乎有办法得到养鸡场的价值了。

遗憾的是，还不能止步于此。

我们按照"核心问题"中实现"步骤一"选出的公司，都是优秀的公司。诚如第1章"稀缺的优秀"一节所述，这些公司得益于GDP的增长与规模效应的加持，往往会取得远高于GDP的增长。因此，它们并不会像养鸡场那般每年只下相同的鸡蛋，而是源源不断地下更多鸡蛋。换言之，它们的自由现金流是持续增长的，而非不变的。

我们引入一个增长率g_0，并把首期自由现金流记为FCF_0，增长版养鸡场的价值变成了：

$$公司价值 = \frac{FCF_1}{(1+3\%)^1} + \frac{FCF_2}{(1+3\%)^2} + \frac{FCF_3}{(1+3\%)^3} + ... + \frac{FCF_n}{(1+3\%)^n} \quad （式4-2）$$

其中，$FCF_n = FCF_0 \times (1+g_0)^n$

这还不算完。从经营的角度，公司总会经历创业期、成长期、成熟期、衰落期等几个重要阶段。因此增长率在不同阶段不是一成不变的。这意味着，我们需要对养鸡场的超长时间段，每年的增长率做出展望。但这个想法显然是不现实的。因此，我们需要对其进行分段预期。比如，我们可以把公司分为"可预期的阶段"以及"难以预期的阶段"。

现在的问题是："可预期的阶段"是多长时间呢？或者换言之，我们对未来预期的思考模式有什么样的特点，让我们能赖以得出一个

给忙碌者的价值投资

"可预期的阶段"的最优解呢?

社会学家菲利普·泰洛克和畅销书作家丹·加德纳合著的《超预测》中,给了一个可能的解释。书中对商业、金融、政治、国际事务,还有专门做预测的有关部门进行了深度的跟踪和研究,并提供了一套行之有效的提高展望准确率的方法。尽管各种事件的可预期性不同(比如钟表的运作机理就属于可预期一类的),但从时间跨度来看,专家们对可预期事件的展望,准确性在统计学上遵循U形曲线——某些事件在超短期内专家展望很准,某些事件中长期专家展望很准,但在此二者之间的短期,以及更遥远的超长期,专家们就看不准了。

比如预期明天下不下雨,就较准,但展望一周或者一个月之后会不会发生,则很不准;另外,虽然专家们无法判断几个月内的经济走势,却可以根据经济周期判断出三到五年后的经济局势。这个道理是,根据我们的认知模式,对于可预期事件,超短期(明天)或者中长期(三到五年后),是预期的最优解。

值得一提的是,书中一再强调上述结论是建立在"可预期事件"基础上的,并列举了很多不可预期事件的例子。这些事件无不与金融市场的短期走势有相同的特点——第3章中我们提到的"复杂性灾难"。比如特定的云到底是怎样形成的,会变成什么形状,取决于水滴之间复杂的反馈作用。所以,即使我们知道所有关于云的形成原理的知识,也无法展望特定的云会如何出现。而物理学上赫赫有名的"沙堆实验"也表明,尽管我们可以借助慢速录像和计算机模仿等手段精确地计算沙堆顶部落下一粒沙会带动多少沙粒移动,却永远无法计算沙堆何时崩塌。因此,对于不可预期的事情,予以排除才是最佳做法。

考虑到"价值决定价格"这一模型需要的边界是"中长期",我们选择三到五年作为"可预期的阶段",是个最优选择。拨开短期的迷雾,用穿越时空的目光看企业三到五年后的状态,有利于投资者避开复杂性灾难,抓住主要矛盾。至于是选择三还是五,完全依经验而异,为方便讨论,本书后文统一用"三年"作为讨论基础。

价值的简易表达

"可预期的阶段"的阶段定义为三年,则增长版养鸡场的价值计算变为如下:

$$公司价值 = \frac{FCF_1}{(1+3\%)^1} + \frac{FCF_2}{(1+3\%)^2} + \frac{FCF_3}{(1+3\%)^3} + \frac{难以预期阶段公司价值}{(1+3\%)^3}$$
(式4-3)

对于"难以预期阶段",我们仍可以依葫芦画瓢,予以其一个增长率g_1(既然是难以预期的,g_1肯定是不准的,别急,我们有办法对付它)。那么,我们有:

$$难以预期阶段的公司价值 = \frac{FCF_{1'}}{(1+3\%)^1} + \frac{FCF_{2'}}{(1+3\%)^2} + \frac{FCF_{3'}}{(1+3\%)^3} + ... + \frac{FCF_{n'}}{(1+3\%)^{n'}}$$
(式4-4)

其中,$FCF_{n'} = FCF_3 \times (1+g_1)^{n'}$

给忙碌者的价值投资

有心的朋友或许发现了，这玩意儿不就是我们高中时学的等比数列求和吗？利用等比数列求和公式（稳住，这一章后本书基本没公式了），我们就可以得到其计算公式：

难以预期阶段的公司价值 $= FCF_3 \times \dfrac{1+g_1}{3\%-g_1} = FCF_3 \times \dfrac{1+g_1}{r_0-g_1}$ （式4-5）

其中，r_0为无风险利率。

由于"难以预期的阶段"公司是永续经营的，其预期增长率g_1至少要低于r_0。如果g_1永远高于r_0，其潜在含义是，很长时间以后，养鸡场的价值将超过整个市场的价值，这显然是不可能的。那么，难以预期阶段的公司价值是如何随着g_1变化的呢？

将二者的函数关系键入函数图像绘制工具，我们可以得到图4-3。

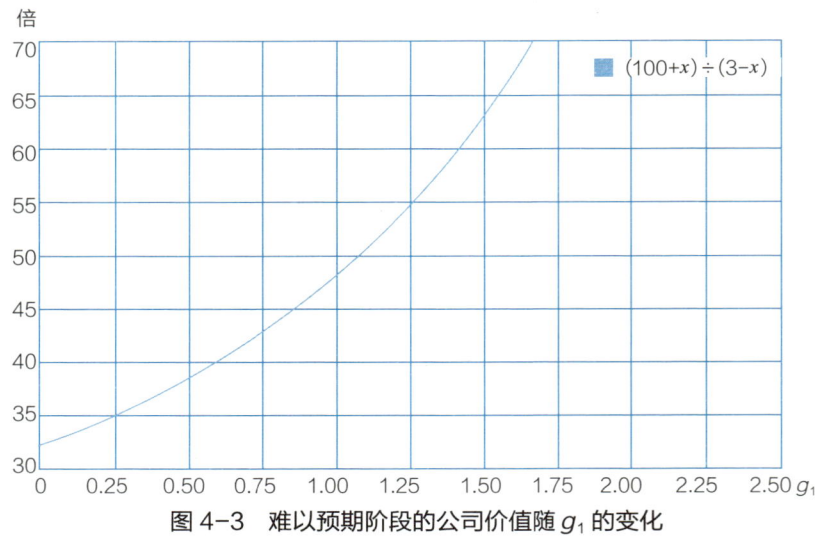

图4-3 难以预期阶段的公司价值随g_1的变化

从图4-3可以看出，难以预期阶段的公司价值对g_1的变化非常敏感。比如$g_1=1\%$（养鸡场按1%永续增长）时，其价值为45倍的FCF_3。$g_1=1.5\%$时，其价值飙升至67倍的FCF_3，并且g_1越接近3%越夸张。现在的问题是，g_1该取多少呢？

老东的经验是，g_1直接取0。

取0主要有两点原因：一是保守起见。虽然优秀的企业长期稳定增长是可期待的，但"难以预期阶段"是一个永续的阶段，公司随着时间的推移，总会走向成熟期和衰落期，既然难以预期，索性一股脑假设为不增长，而若公司增长的部分，就纯当"安全边际"了。二是避免复杂性灾难。由于这部分的公司价值对g极其敏感，稍微调节高0.1个百分点，价值都有可能取得巨大增幅，极其容易让自己陷入复杂性灾难的纠结之中。比如刻意寻找各种论据，证明该公司永续增长不是1%，而是1.1%，从而"欺骗"自己其目前市值仍是低估的。

基于此，我们可以把增长版养鸡场的价值完整写出：

$$公司价值 = \frac{FCF_1}{(1+r_0)^1} + \frac{FCF_2}{(1+r_0)^2} + \frac{FCF_3}{(1+r_0)^3} + \frac{FCF_3/r_0}{(1+r_0)^3} \quad （式4-6）$$

其中，$FCF_n = FCF_0 \times (1+g_0)^n$，$n=1, 2, 3$

在此基础上，为了更具象化地得到公司价值的简易表达式，我们分别列出前三年增长10%至40%（步长为5%）的养鸡场，其前三年自由现金流和难以预期阶段的价值（均为折现），即上式中的FCF_1、FCF_2、FCF_3、FCF_3/r_0，如表4-13所示。

表 4-13 构成公司价值的 FCF_1、FCF_2、FCF_3、FCF_3/r_0 列举

(单位:元)

增长率	第1年末自由现金流	第2年末自由现金流	第3年末自由现金流	难以预期阶段的价值
10%	22.00	24.20	26.62	887.33
15%	23.00	26.45	30.42	1013.92
20%	24.00	28.80	34.56	1152.00
25%	25.00	31.25	39.06	1302.08
30%	26.00	33.80	43.94	1464.67
35%	27.00	36.45	49.21	1640.25
40%	28.00	39.20	54.88	1829.33

为了计算公司的价值,我们需要对表4-13中第二至第五列进行折现并加总,得到公司价值。每一列的折现及加总情况,如表4-14所示。

表 4-14 构成公司价值的 FCF_1、FCF_2、FCF_3、FCF_3/r_0 折现后列举

(单位:元)

增长率	第1年末DCF[1]	第2年末DCF	第3年末DCF	难以预期阶段的价值折现	公司价值(左侧四项合计)
10%	21.36	22.81	24.36	812.04	880.57
15%	22.33	24.93	27.84	927.88	1002.98
20%	23.30	27.15	31.63	1054.24	1136.32
25%	24.27	29.46	35.75	1191.59	1281.07
30%	25.24	31.86	40.21	1340.38	1437.69
35%	26.21	34.36	45.03	1501.06	1606.66
40%	27.18	36.95	50.22	1674.10	1788.46

注:[1]即 $FCF_0/(1+r_0)^1$ 该项,后面各项同理。

细看表4-13和4-14会发现,二者最后一列的结果相差无几。

我们知道,表4-14的公司价值中不仅包含了难以预期阶段的价值

第4章 公司价值：灰度思考与黑白决策

折现，还包括了第1至第3年末DCF，而表4-13的最后一列仅为难以预期阶段的价值，只是未折现罢了。二者相差无几，意味着难以预期阶段的价值在折现过程中减少的值，被第1至第3年末DCF增加的数值抵销了。该过程也可用更精确的数学过程表达，但考虑到本书不是教科书，就不深究了。

更进一步，我们也可将"公司价值"与"难以预期阶段的价值"列在同一张表中，来计算二者误差，如表4-15所示。

表4-15 难以预期阶段的价值与公司价值的比较

（单位：元）

增长率	难以预期阶段的价值（不折现）	公司价值	误差
10%	887.33	880.57	0.77%
15%	1013.92	1002.98	1.09%
20%	1152.00	1136.32	1.38%
25%	1302.08	1281.07	1.64%
30%	1464.67	1437.69	1.88%
35%	1640.25	1606.66	2.09%
40%	1829.33	1788.46	2.29%

考虑到自由现金流折现法是一种思想，而不是精确的计算，因此对于几个百分点的误差，我们大可忽略不计。于是，我们可以得到公司价值更为简洁的表达式：

$$公司价值 = FCF_3 / r_0, \quad FCF_3 = FCF_0 \times (1+g_0)^3 \quad （式4-7）$$

该表达式中，r_0为无风险利率，暂且认为其中短期变化不大。那么，公司价值的因变量只有FCF_3。当然，这是建立在保守起见，我们放弃了三年后公司增长那一部分价值（$g_1=0$）的基础上，采取近似所得。考虑到FCF_3是我们能大致看得到的公司可以赚取的自由现金流水平，上式还有一个更简单的理解：

$$公司价值 = 预期可赚的自由现金流 / r_0 \quad （式4-8）$$

剩下要做的事情就很简单了。

首先，展望公司预期可赚的自由现金流，这通常需要由当期自由现金流以及几年期的复合增长率构成。其次，用它除以无风险利率，得出公司价值。最后，在公司价值的基础上打个折，就是可以买入的价格了。关于更多买入和卖出的细节，我们将在后文"体系篇"更深入地讨论。

值得强调的是，为了方便讨论，本书都会以"三年"为展望期。但三年并非必须，使用四年、五年也可满足最优解，并无大碍。运用之妙，存乎一心。

认知自己的无知

通过式4-7我们发现，若增长率g_0不变时，公司价值是以"可预期阶段"的"第1年初的自由现金流"为锚的。比如以表4-13中的增长率为25%的养鸡场为例，在第1年初时，公司的自由现金流为20元，公司价值为：

$$公司价值 = 20 \times (1+25\%)^3 \div 3\% \approx 1302.08（元） \quad （式4-9）$$

当时间来到第2年初时，假设养鸡场的自由现金流如期增长了25%，则此时其新的"第1年初"的自由现金流变成了25元。若其增长率g_0（注意，此时仍是以未来3年为期进行的展望）仍然是25%不变，则其公司价值为：

$$公司价值 = 25 \times (1+25\%)^3 \div 3\% \approx 1627.60（元）\qquad（式4-10）$$

由此可见，即使我们不考虑安全边际（不对 1302.08 元打折扣），在第1年初时以全价 1302.08 元买入了养鸡场，在第2年初时，养鸡场的价值已经变成了1627.60元。无独有偶，1627.60元对比1302.08元的增额部分325.52元，除以1302.08元，恰好是25%。由此可见，养鸡场用一年的增长，居然硬生生地帮我们创造了25%的"安全边际"。

其中所含道理是，如果来年我们再评估公司时，认为其仍能取得与上一年相同的可预期增长率，买入价就会获得以该增长率作为基数的安全边际。这个现象还有另一个浅显易懂的解释：成长是最好的"安全边际"。

"成长是公司的'安全边际'"是隐藏在"价值等于自由现金流折现"这一定理下的重要推论。支撑该推论的论点也有两方面，不仅在式4-7的显性方面，也在该式的隐性方面。为什么这么说呢？

式4-7的结论是我们通过简化所得，其隐藏的一层含义是"难以预期阶段"公司是停止增长的。但通过式4-5我们发现，在其他都不变的情况下，若"难以预期阶段"公司的g_1取得很小的进展（相对于0而言，虽然我们假设它为0），其隐含的"难以预期阶段的公司价值"将快速提升。这意味着，若公司持续增长的能力较强，蕴含在"难以预期阶段"的价值将会远大于我们的假设，这相当于又给了我们一个隐性的"安全边际"。

遗憾的是，无论是第2年初再来评估其是否还能在未来3年（指从第2年初看未来3年，分别对应第2年内、第3年内、第4年内，需要区别于第1年初看未来3年）保持此前的增长率g_0，还是"难以预期阶段"公司自由现金流的增长率是否可以不为0，都是我们站在第1年初时，在打算做出买卖决策时，不好展望的事情。

这也正是前文要对"成长是最好的'安全边际'"中"安全边际"打引号的原因。在老东看来，这里的"安全边际"与实打实通过对公司价值打折获得的"安全边际"并不能画等号。前者是未来的我们评估得出的结论，后者是今日的我们评估得出的结论，虽然两者各自是基于当时所处时空做出的展望。为了辨析两者的区别，让我们假设有两位小芸，一位是现在（第1年初）的小芸A，一位是一年后（第2年初）的小芸B。

小芸A在第1年初要进行投资决策时，完全遵循了前文所述的框架：首先，她找到所投资的公司本期的净利润（约等于自由现金流）；其次，展望出3年内的年复合增长率，得出公司可预期的自由现金流；再次，得到了公司的价值；最后，她在此基础上打了个折，得到买入价格。

在这个过程中，前面3个步骤我们可将其称为"进行估值"，最后一个步骤将其称为"获取安全边际"。在这里，我们对"获取安全边际"的定义是"对估值进行打折"，如图4-4所示。这里对"安全边际"的定义完全符合本章第一节的定义。在此过程中，我们知道这个"安全边际"的含义，同时知道"安全边际"具体是多少。

第 4 章 公司价值：灰度思考与黑白决策

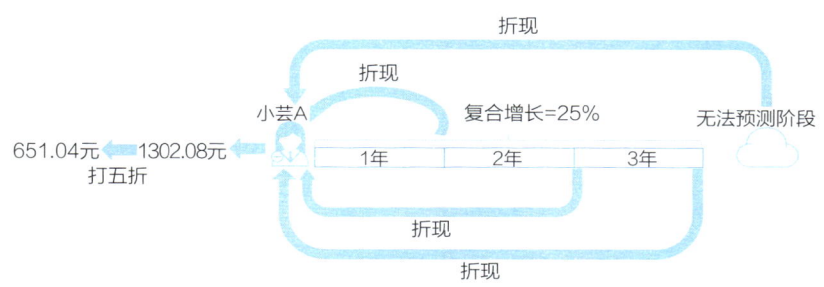

步骤2：获取安全边际　　　　　步骤1：进行估值

图 4-4　小芸 A 进行估值和获取安全边际的过程（以表 4-13 中增长率 25% 的养鸡场为例）

接着，我们再来看看第二种情形——成长是公司的"安全边际"。

在这种情形中，小芸A也是完全遵循前文所述的框架，特别是遵循对增长率展望的时间区间——3年。换言之，这里我们讨论的小芸A有点"呆板执行的傻范儿"，每次她收到指示，不展望1年和2年的自由现金流增速，也不预测4年、5年甚至更久远的自由现金流增速，她的分析仅建立在展望3年的基础上。我们再来看看小芸A如何计算这个新的"安全边际"。

小芸A有两种办法获得这个安全边际的具体数值。一种是极其荒唐的穿越式：小芸B在第2年时对公司进行估值，然后告知小芸A她这里的估值是多少，小芸A就有办法计算出她买入时获得的"安全边际"了。这种方法显然不可行，如图4-5所示。

还有一种方法，是小芸A预测小芸B的展望。即小芸A预测到小芸B在第2年评估出来的公司价值。这显然也是不可行的，毕竟小芸在这一年期间会有新的信息输入，企业也会有基本面的变化，小芸A无法预测小芸B的思考和行为。

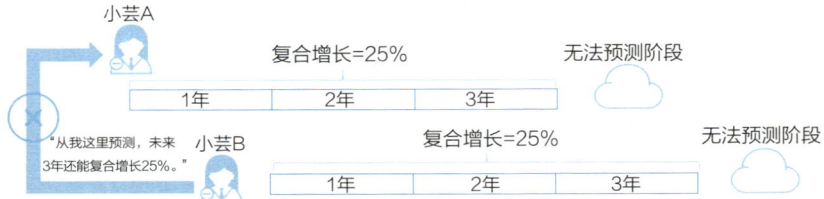

图 4-5 小芸 A 获取"成长是公司的'安全边际'"中"安全边际"的方式：靠 1 年后的自己告知现在的自己

我们也可以用高中数学所学的"归纳法"来进行反证。在高中时，用归纳法证明某个假设的步骤是这样的：若某个假设在 K 时成立，在 $K+1$ 时也成立，则可认为这个假设成立。

假设第 1 年时，"小芸A能预测小芸B的预测"成立，那么在第 2（1+1）年时，"小芸B能预测小芸C的预测"也应该成立（小芸C是第3年初的小芸）。小芸A能预测小芸B的预测，而小芸B又能预测小芸C的预测，因此小芸A能预测小芸C。以此类推，小芸A能预测无穷远时间自己的预测。这个结论显然不会成立，否则小芸就成大罗神仙了。因此，可以反证出"小芸A能预测小芸B的预测"是不成立的。如图4-6所示：

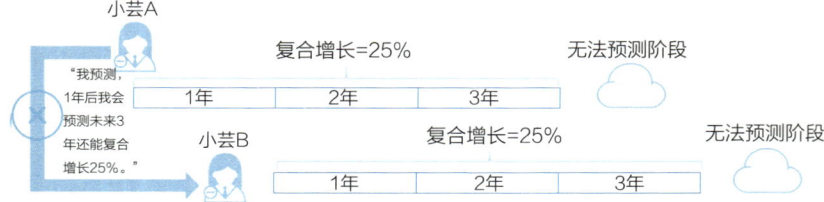

图 4-6 小芸 A 获取"成长是公司的'安全边际'"中"安全边际"的另一种方式：自己预测自己 1 年后对公司自由现金流的展望

第 4 章 公司价值：灰度思考与黑白决策

综上所述，"成长是公司的'安全边际'"中"安全边际"虽然存在，但我们并不知道是多少。换言之，我们知道这个"安全边际"是什么，却不知道它具体是多少。

这种"知道它的定义，却又不知其具体"的状态让人极不舒服，并且会迫使我们条件反射地做出"想要搞明白"的动作。在投资体系中，我们怎么看待这种"我知道却又不知道"呢？

哲学界对事物有四个有意思的分类：我知道我知道的，我知道我不知道的，我不知道我知道的，我不知道我不知道的。在老东看来，第二种"安全边际"便是属于"我知道我不知道的"；第一种"安全边际"属于"我知道我知道的"。而本书第2章"忙碌者的禀赋"中所说的那些我们日用而不自知的常识，属于"我不知道我知道的"。投资者们常说的"黑天鹅事件"，则属于"我不知道我不知道的"。

为了更加清楚地辨析这四类事物，老东将第一种安全边际称为"安全边际（显性）"，第二种安全边际称为"安全边际（隐性）"，则四类事物可按图4-7展示。

图4-7中，右侧区域（"我知道的"区域），其中"安全边际（显性）"有利于我们在公司价值的基础上进行打折，提出一种保守的买入决策，确定公司估值。"忙碌者的禀赋"有利于我们更加了解公司，从而提升对公司预期可赚自由现金流进行展望的准确性，结合可知的行业和公司信息，确定公司价值。这些我们都已在前文讨论过。

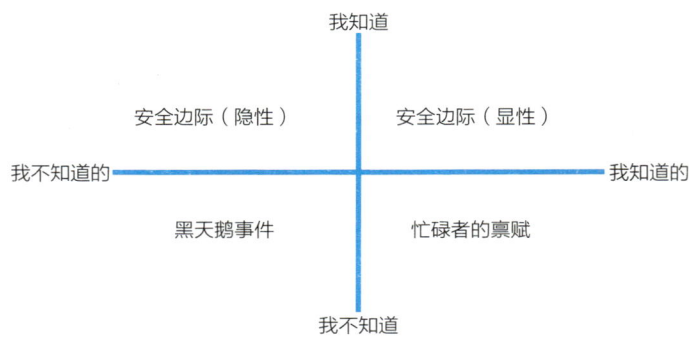

图 4-7 投资中的四种认知状态

现在的问题是,从"价值决定价格"到"价格等于DCF",我们的投资体系是建立在对未来的公司可赚自由现金流的预期上的。对于行业和公司可知的部分,我们可以通过研究、学习、实践来提升忙碌者的禀赋,从而提升"我知道的"内容,最终增强展望的确定性。但对于黑天鹅事件,有什么办法来减少其带来的"不确定性"呢?

这涉及第二个问题,"我知道却又不知道"的妙用。

先来看看黑天鹅事件。"黑天鹅"的说法广泛流传,得益于纳西姆·塔勒布的《黑天鹅》一书。书中开篇立论即提到,在发现澳大利亚的黑天鹅之前,欧洲人认为天鹅都是白色的。"黑天鹅"曾是欧洲人言谈和写作中的惯用语,用于描述不可能的事物。这个不可动摇的信念随着第一只黑天鹅的出现而崩塌。后世用"在第一只黑天鹅出现之前,人们都认为自己是懂天鹅的"来形容原本都认为自己知道的,实际上是"我不知道我不知道的"事物。

系统性危机如1998年亚洲金融危机和2008年世界金融危机,行业危机如白酒的塑化剂事件和牛奶的三聚氰胺事件，皆属于此列。而黑天鹅之所以属于"我不知道我不知道的"事物，究其根本，还是其涉及的变量和要素多到几乎无法估量，我们无从判断其发生，也很难判断其结束。换言之，"我不知道我不知道的"事物的底层逻辑，是前文我们所述的"复杂性灾难"。于是我们的命题转换为：如何有效减少复杂性灾难带来的对预测的影响呢？

对此，美国赫赫有名的梅奥诊所提供了一个思路。

梅奥诊所是全美规模最大和最先进的综合性医院，当然也聚集了全美最优秀的医疗人才。让人惊讶的是，聚集了那么多高级知识分子的梅奥诊所，用的居然是固定工资制度。也就是说，梅奥诊所的医疗人员没有奖金和提成，所有我们熟悉的一系列工资激励制度，它都没有。这与现代主流公司搞的股权期权激励背道而驰的薪酬体制，一开始让老东十分困惑：这难道不会造成"干多干少一个样，干与不干一个样"的大锅饭现象吗？

后来才发现，梅奥诊所用固定工资制是有前提的。首先，梅奥是固定薪资，但它的薪酬水平很高，在市场上有充足的竞争力。其次，它也不是大锅饭，每个人的薪资水平还是不一样的，梯度还是非常大的。再次，它也不是完全没有激励。对于优秀的员工，会有更多的休假时间、更好的获教育通道等。此外，梅奥诊所是全世界的医学圣地，优秀的医生挤破头都想进入这里学习，进得来已然是莫大的奖赏。而最重要的一点是，每个医疗人员的薪酬是由人评定的，他们称为"同行评议"制度——只有当同事们都觉得某个医生水平高，其才可以获得对应职级，工资才会高，而不是由管理层和人力资源部门闭门拍板。

"同行评议"的逻辑，是用复杂的人来评估复杂的人。而前文提到的休假和教育，是很难用金钱来简单折算的，也是用复杂的手段来激励复杂的行为。

试想如果梅奥诊所使用KPI或OKR方式管理员工（就如大多数公司那般），医生和护士们免不了会动作变形，从而有可能反过来降低梅奥诊所的整体竞争力。举个例子，假如我们设定核心KPI是诊病效率，那医生一定会争取一天多看几个病人；如果根据创收来评估，医生则会玩命地给病人做检查和开药。人力资源的绩效管理岗若看到这儿肯定会反驳说：那我们可以提出多元化的指标体系。而这种做法往往事与愿违，最后因为"哪不够就加哪"，搞出一个谁看了都要晕倒，索性直接不理会的绩效体系。

与此相对，梅奥诊所的这套管理手段，真正的秘密不在于用简单的多个考核指标去屏蔽复杂性，而在于用复杂性对抗复杂性。以复杂性对抗复杂性，以"我不知道的"对抗"我不知道的"，便是"安全边际（隐性）"的妙用。

个人与公司都要不断成长

我们虽然无法精确计算出安全边际（隐性）中蕴含的能量有多巨大，却可以从行业和公司角度，大致"感知"其永续增长率g_1的高低，从而"感知"安全边际（隐性）所蕴含的能量。安全边际（隐

第 4 章 公司价值：灰度思考与黑白决策

性）越大，其对抗黑天鹅事件的能力就越强。换言之，在图4-7左侧区域，上下两个"我不知道的"是有抵消作用的。

不过，保守起见，老东倾向于安全边际（隐性）抵扣黑天鹅事件的结果，不能带来正收益。这意味着，纵然我们所"感知"的某个公司安全边际（隐性）会很大，也不会使得左侧区抵扣完后对"难以预期阶段的公司价值"产生正收益。相反，在安全边际（隐性）不足时，反而会产生负收益。

那么，该如何处理这个负收益，以便将其融合进公司价值计量中呢？

老东的建议是，对"难以预期阶段的公司价值"进行打折处理。

这个打折多少并没有进一步可量化的标准可以使用，但打折过程中，我们需要谨记打折的第一性原理：衡量的是其安全边际（隐性）的大小，背后的含义是其商业模式推动其永续增长的可能性。比如对于高杠杆公司应予以更大的折扣，因为这类公司在面对黑天鹅事件时是相对脆弱的。也可能因为其他的商业模式要素不稳定性给予折扣率。

基于此，我们可以将式4-8改造如下：

公司价值 = 预期可赚的自由现金流 $\div r_0 \times C$　　（式4-11）

式4-11中的变量包括FCF_0，增长率g_0，折扣率C，无风险利率r_0。其中r_0可以用十年期国债利率代替，可以认为是个常数，那么变量就剩下前面三者。

这可以给我们什么启示呢?

首先是公司价值层面，FCF_0是已确定的初期自由现金流，因此公司的价值与增长率g_0和折扣率C相关，折扣率C背后蕴含的又是增长率g_1，可见公司价值与增长率相关。

哔哩哔哩（B站）11周年的演讲活动中，董事长兼CEO陈睿语重心长地和用户们说："如果B站不是向前发展，那么就一定会越来越衰落，直至灭亡。"高瓴资本创始人张磊一直强调核心投资理念是"流水不争先，争的是滔滔不绝"。其中蕴含的正是对增长的渴望。

对于忙碌者，我们也可以把式4-11理解为个人价值。式中隐含的FCF_0是个人的先天禀赋，是起手局，考虑到它在式子中作为重要的被乘数，着实是构成个人价值的重要组成部分。但是，增长率也是被乘数，个人价值也可由后天不断努力，取得增长，实现价值飞跃。

"您这席话，让我想到了公司的职级晋升。"小芸若有所悟。

"我们常会认为职级晋升是领导赋予的，有了更高的职级，个人才在组织中有更大的话语权。"小芸用手指托着下巴，继续说道，"真实的情况是，我们在组织中协同的人越来越多，解决的问题越来越多，获得的认可越来越多，最后这个职级才落到了我们身上。这意味着个人价值在获得认可前，即此前您说的报价前，早已在不断提升了。也就是说，努力换来成长，成长带来价值，价值换来职级！"

"融会贯通，这是非常大的进步。"老东朝小芸竖起了拇指。

"不仅如此，由于个人不断成长，有了新的职级，就有了新的挑战。因此，个人成长和公司增长一样，不会一帆风顺，总会遇到问题。管理学家劳伦斯·彼得深入研究企业管理，最终得出了一个结论：在一个等级制度中，每一位企业员工都会倾向于上升到自己感觉到有很大挑战的地位。在管理学界，这个现象被称为'彼得高地'。"老东看着小芸的明眸，继续说道。

"与个人成长类似的，当我们研究公司时，我们总会觉得公司挑战环伺。别担心，这是正常现象。我们要做的是评估出公司价值，设定安全边际，评估价值达成的可能性，评估出仓位，进行买卖决策，这些步骤都将是清晰的，虽然我们对行业和公司带着不少模糊的认识，比如安全边际（隐性）和黑天鹅。"老东抿了一口茶，继续说，"讨论到这儿，理念篇已接近尾声。理念篇事关思考，其中蕴含着许多灰度的设定，谁都没有绝对正确的答案，万望你能在今后的使用中不断打磨。"

"灰度思考，黑白决策。"老东看着小芸，淡淡说道。

本章小结

在本章的最后，我们对"公司价值"做一个简单总结：

（1）在对市场先生理解的基础上，我们得出了价值等于DCF。

（2）基于确定性假设三部曲，我们得到了简易DCF的计算方式。

（3）基于预测最优解，我们将价值切成了3年（含）内的部分与其他部分。

（4）我们计算出了养鸡场的价值，并基于安全边际（显性）得出其估值。

（5）我们认识了蕴含在价值中的安全边际（隐性）。

同时，公司价值与日常买菜的价值评估逻辑并不一致，并不太符合直觉的常识，老东认为在启动"步骤二"讨论前，有必要在思维工具中增加"公司价值计算"（含辨析本章提到的两个安全边际概念）。由此，本书讨论的问题转换如下：

步骤一：找到股权能等效成债券的优秀公司。

步骤二：将所欲实现目标转换为"连贯性动作"。

衍生效果：每个步骤中尽可能地带有"飞轮效应"。

思维模型：在能力圈内投资、认识市场先生、公司价值计算。

第 5 章　理念篇总结

我们自小接受的教育，大多是自然科学。在那个世界，有因就有绝对的果，数学、物理、化学、生物各个学科，无不如此，这对我们的影响可谓根深蒂固。因而，理念篇或许会让你感到过于经验主义，难言对错。那么，下一篇我们将进入真实世界。

真实世界中的绝大多数思维模型，追求逻辑绝对正确并不是首要的，有自洽的规则和清晰的边界才是最重要的。但本章作为理念篇的终篇，老东不想您带着这样的刻板印象离开。另一方面，老东又害怕接受了这个理念的读者，产生自然科学无用论的错觉——若真是如此，您当真错怪老东了。老东虽作为物理学的"弃徒"，但骨子里最为推崇的还是自然科学。正因如此，老东也时刻提醒自己，不要过度迷信自然科学的方法论。它也是方法论，也有边界，也有它失效的地方。

为了厘清价值投资与自然科学的关系，我们还得回到价值投资所属的经济学领域。为此，老东认为还是有必要讨论自然科学与经济学的区别，以便理念篇得以"善终"。

价值投资不是自然科学

自然科学的核心方法论是"可证伪性"。以物理学为例，一个物理学定律，应该是放之四海而皆准的定律。换言之，只要在某个场景下能被证伪，这个定律就可以说是失效了。

与此不同，经济学更为推崇的方法论是"解释性框架"。解释性框架对于被证伪没那么大压力，更强调的是有清晰的边界和自洽的逻辑。至于边界外的东西，解释性框架可以说是基本不关心，甚至不断地把很多边界内的内容踢出。

一个典型的例子是CFA考试必考的供求关系模型。它的原理极其简单，产品的价格上升，那么需求就会下降，反之亦然。可在1845年，爱尔兰发生了灾荒，土豆价格越是上涨，爱尔兰农民反而越是抢购土豆。经济学家便说，"哦，这不在我的解释性框架以内，这属于特殊情况"，后来他们还给这个现象取了个经济学独有的名字——吉芬现象，以纪念当初在爱尔兰苦苦研究这个现象的英国经济学家吉芬。

"可证伪性"起初源于哲学家卡尔·波普尔对自然科学的一个见解，只是一种哲学思想。不可证伪不等于不靠谱。与波普尔同一个段位的科学家，还有一位叫托马斯·库恩。库恩更推崇的是"范式"，即人们看待某个规律的一种共识性观点。范式有点像一种信仰，也是不可证伪的；同时范式也是靠谱的，是我们所述的"解释性框架"的祖先。

可证伪性衍生了自然科学，数学、物理学、生物学、化学，无不衍生于此。但同时范式衍生了社会学科，社会学、心理学、历史学，还有价值投资，除此之外，我们生活中接触的方方面面，比如民族、国家、公司、家庭、夫妻，则更属于这一列。

第 5 章 理念篇总结

那么解释性框架就不分对错了吗？并不是。

我们已知解释性框架是一种共识性观点，既然是共识，就会有变化。而那些越是有自洽的规则和清晰的边界的解释性框架，就越是变化小——即使如此，它们也是会有变化的。比如前文所述的价值投资理念，就从早期的"格雷厄姆式的"转换为如今的"巴菲特式的"，并且在持续进化。而本书所述，只不过其中融入了很多老东自己的思考罢了。

最优解框架的变换

带着"价值投资不是自然科学，而是一套解释性框架"的认识，我们再来回顾本篇的内容。在第1章中，我们提出了一种解释性框架，即"最优解策略"。这个策略分为三步：第一步，找撬动整体目标的"杠杆"；第二步，将实现该杠杆的方式分解为一系列"连贯性动作"；第三步，动作具有"飞轮效应"，每完成一个目标有助于完成下个目标，最后完成整体目标。

借助这个解释性框架，我们的讨论围绕为忙碌者实现"财富增长"展开。为便于总结，老东将三个步骤依次记为找到杠杆、连贯性动作、具有飞轮效应，外加忙碌者"时间有限"这个约束条件，这就是理念篇解释性框架的雏形了。为方便回头翻阅理念篇的推导过程，老东为推导过程制作了一系列图片。

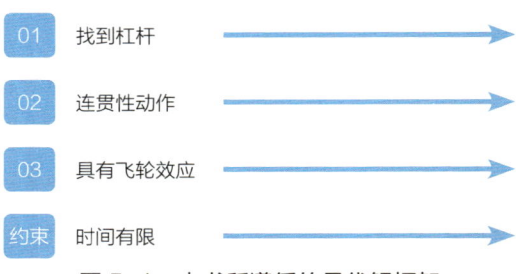

图 5-1　本书所遵循的最优解框架

理念篇的推导主要涉及"寻找杠杆"和"时间有限"。

在第1章中，我们借助"复利效应"，将寻找杠杆转换为寻找稳定增长的资产，再结合忙碌者的特点，发现优秀公司能取得优于GDP的增长，因此我们得以把稳定增长的资产转换为优秀公司的股权（股票）。

因此，我们得以将"寻找杠杆"这一命题，转换为"投资于能等效成债券的股票"，这是全书最为核心的观点。也是由于忙碌者的特点，"时间有限"转化为"寻找性价比高的资产"。所述推导过程如图5-2所示：

图 5-2　"寻找杠杆"和"时间有限"的变化

第 5 章 理念篇总结

第2章的讨论主要围绕"时间有限"展开。

忙碌者因忙碌而时间有限，但同时因忙碌而具有外人不具备、日用而不自知的常识和反思能力。因此，若忙碌者能在所处领域开始投资，并采用15%的意外率再慢慢破圈，将有得天独厚的优势。我们将其称为"守住能力圈"。在能力圈投资也具有飞轮效应。忙碌者越发热爱本职工作，越专心投入，越能取得高额的投资回报。高额的投资回报又会激励忙碌者投入本职工作，取得更高的职业收入。同时，考虑到二级市场投资与上述常识有诸多不同，为了知己知彼，我们有必要在"约束条件"中增加对"市场先生"和"公司价值"的理解。所述推导过程如图5-3所示：

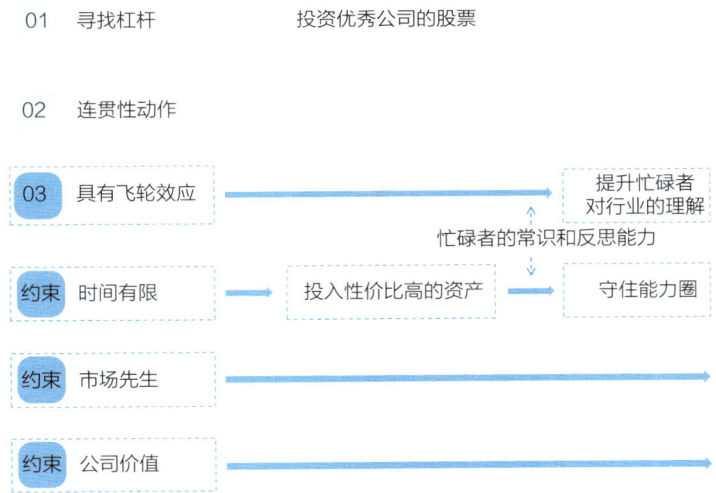

图 5-3　本书第 2 章对框架的改变

第3章和第4章的讨论主要围绕"市场先生"和"公司价值"展开。

我们首先认识了"认知再评估"这一重要心理学工具。借此工具，我们重新认识了市场先生，并确定了可以规避复杂性灾难的价格决定论——价值决定价格。该认知的核心是"公司价值等于其能为投资者带来的资本回报水平"，在此基础上，我们推导出与之匹配的公司价值计算方式，即等于公司能产生的所有自由现金流的折现，而非等于其净资产。

在此基础上，我们通过"确定性假设"将DCF转换为简易DCF，并借助预测最优解的理念，将其转换为"可预期阶段的价值"和"难以预期阶段的价值"。对于"可预期阶段"，我们利用DCF的计算式可求得；对于"难以预期阶段"，我们假设公司永续增长为0，并视其对抗黑天鹅的可靠性，增加折扣率C。由此。我们得到了完整的公司价值。在此基础上，对其打折，取得安全边际，即可得到公司估值。至于打折多少，我们将在"体系篇"进行探讨。所述推导过程如图5-4所示。

至此，步骤一的内容我们已基本讨论完毕。

步骤二的内容，便是带着"在能力圈内投资""认识市场先生""公司价值计算"三种思维模型，去形成一套寻找股权能等效成债券的优秀公司的"连贯性动作"。

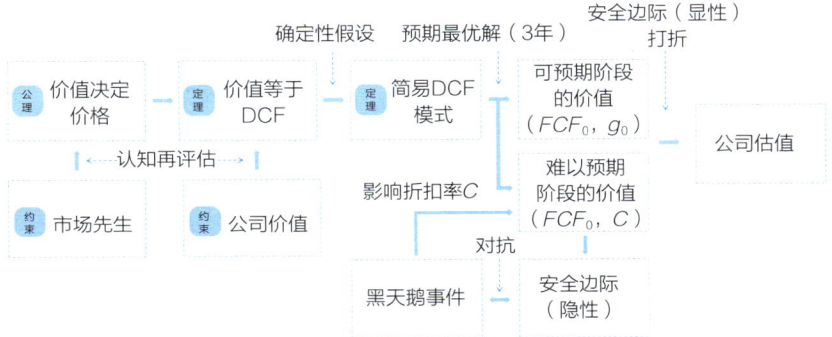

图 5-4 本书第 3 章和第 4 章对框架的改变

值得强调的是,步骤二即将讨论的内容,仍是属于解释性框架,而非存在绝对对错的自然科学。盼我们都能结合自己的实际情况,调整个中要害,掌握框架性思想,才是关键的。在开始前,容老东将本书框架复述一遍,供追溯讨论所用。

步骤一:找到股权能等效成债券的优秀公司。

步骤二:将所欲实现目标转换为"连贯性动作"。

衍生效果:每个步骤中尽可能地带有"飞轮效应"。

思维模型:在能力圈内投资、认识市场先生、公司价值计算。

"走吧,我们去看看'连贯性动作'。"

言罢,老东回头看了一眼小芸,推开门去。光线迎着门照了进来。小芸不知怎么的,只觉得他的身影被勾勒得清晰无比,突然有了很重的实干派气息。

体系篇

在理念篇第1章我们提到，连贯性动作的精髓是"连贯性"。连贯性有利于我们将有限的资源集中，通过刻意练习，形成能力突破，从而解决问题。只不过换到本书的话题中，这里所说的"有限的资源"，落到忙碌者身上，最为明显的是"有限的时间"。

在理念篇，面对这个挑战，我们通过聚焦能力圈，以一种四两拨千斤的方式转劣为优。但在体系篇，时间有限是必须承受之重，因此需要一种方法来提高单位时间的效率，增加过程的可操作性，提升结果的可靠性。投资体系，应运而生。

具体而言，投资涉及买入、持有、卖出三大流程。而我们通常并不会只持有一家公司的股票，因此又依序涉及组合、行业、公司、决策四个步骤。所以我们的投资体系至少得包括以下模块：

（1）组合管理：该买多大比例仓位的股票？

（2）行业选择：买哪些行业？每个行业最多分配多少仓位？

（3）公司分析：如何挑选出满足确定性假设的公司？

（4）买卖决策：什么时候该买？买多少仓位？什么时候该卖？

如此，我们可以在脑中想象一幅"连贯性动作"操作图。这个操作图由上述四个模块构成，这些模块的核心思想和操作方式，将是我们"连贯性动作"的关键。

那么，让我们先从组合管理开始吧。

第 6 章　组合管理

股债平衡之锚

在理念篇第4章"预期的最优解"中我们提到，对于可预期事件，选择三年进行预测，是让我们既不失准确性，又可实现价值回归的舒服位置。换言之，三年的时间，能让我们以相对高的准确性，将一家优秀公司的股权转换为一张可靠的债券。

这个观点还有一句潜台词：我们投资股票的钱，不应该是三年内需要消费的钱。例如，我们有100元，其中有40元是三年内要用的，60元是三年后要用的。我们应该将其中60元用于投资，别打另外40元的主意。那么另一个需要思考的问题是：为何偏偏40元是我们必须在三年内消费的，而不是30元或者50元？换言之，我们是如何确定要消费的金额的？这关系到我们应该拿出多少钱进行投资。

这个问题很难有统一答案，它与每个人的消费习惯、价值观、人生观等相关。用经济学的话来说，每笔钱（无论消费或投资）的效用对于每个人是不同的。不过，老东还是可以提供一个思考角度。这源于著名经济学家欧文·费雪在他的《利息理论》中的一句话：投资是时间维度上的平衡消费。这句话读起来比较拗口，但并不难理解。

比如我们中午在麦当劳吃饭，当然是消费。可吃麦当劳是为了下

第 6 章　组合管理

午更好地工作，工作是为了赚钱，那么吃麦当劳就成了投资行为。同样地，有时候项目攻坚，晚上全员要加班加点，领导通常会买一大筐奈雪的茶犒劳同事。这事儿看起来是消费，实际上同事们拿人手短吃人嘴软，会大大抵消加班的悲观情绪。更别提茶和糖带来的多巴胺能使人晚上精神集中，带来工作效率的提升。最终，工作完成得很好，大家的业绩和收入也就上去了。

简而言之，投资和消费是等价的。我们决定是投资还是消费，考虑的是效用的最大化，并且在时间上做一个平衡罢了。因此，如果能清晰地认识到自己潜在投资收益率的水平（比如15%），当我们正要消费或者预期每年消费时，不妨问自己一个问题：如果不买这个东西，却可以在五年后将这笔钱翻倍，我是否愿意？

同样地，单论投资，我们也应该认为每笔钱是等价的。尽管我们早已在理念篇讨论过，找到"等效成债券的优秀公司的股权"是我们的目标，但不排除有时候市场处于备受追捧的巨大泡沫之中，此时即使这类公司的股票，潜在收益率甚至低于"纯正的债券"。因此，在开始投资前，我们有个类似于消费与投资再平衡的问题：当我们在选择股票投资还是债券投资时，标准是什么？这将是组合管理的关键。

答案是无风险收益率，即十年期国债收益率。当整个股票市场的收益率低于无风险收益率时，就应当购买十年期国债；反之，则应该选择股票。这个含义是，我们的每项投资选择都蕴含着十年期国债收益率的机会成本。

给忙碌者的价值投资

实际上，巴菲特的老师，格雷厄姆先生在80多年前也曾给出过这个问题的答案。保守起见，他建议将"无风险利率的两倍"作为投资的锚。考虑到咱们中国十年期国债的收益率长期在3%上下波动，因此若市场的平均收益率水平低于6%，即达到了静态16倍的PE以上，我们应该选择持有十年期国债，而非股票。反之，选择持有股票。

以16倍PE为危险阈值，至少包含了两层保守假设：（1）采用了两倍的无风险利率为锚，对比于合理的1倍无风险利率要多出1倍；（2）忽略了市场中所有公司的成长——就如选择消费还是投资时的核心问题一样，16倍PE是比较合理的"股债平衡锚"。

这背后的思考是，若股票的价格上涨至16倍PE以上，十年期国债的投资优势便开始显现，或由于巨大的资本撤出，或由于市场过热被监管部门叫停，或由于其他乱七八糟的问题，股票市场会出现崩盘。而泥沙俱下之时，即使优秀公司的股权潜在收益率还远高于十年期国债，其股价也会顺势暴跌。

那么，市场是否也验证了16倍PE的有效性呢？

在实践中，满足本书所述体系的大多数公司会落入上证50和恒生中国企业指数这两个指数之中。我们将这两个指数历史上经历的PE绘制成表，取其80%分位，并进行各50%的加权处理。无独有偶，加权后的数值[1]为15.62，与16倍相差无几，如表6-1所示。

---

[1] 截至2021年12月31日。

表6-1 上证50指数和恒生中国企业指数的估值（PE）分位数与加权情况

单位：倍

	20%分位[1]	50%分位	80%分位
上证50	9.48	11.54	18.11
国企指数[2]	7.78	9.17	13.13
加权	8.63	10.355	15.62

注：[1]比如过去一家公司的估值，按每周取点，分别为[2.1, 1.1, 3.1, 5.1, 4.1, 6.1, 8.1, 7.1, 9.1, 10.1, 11.1]，共11个样本点，而当前值是3.1，首先对过去的估值排序是[1.1, 2.1, 3.1, 4.1, 5.1, 6.1, 7.1, 8.1, 9.1, 10.1, 11.1]，当前估值是3.1排名第三位，那么分位点就是（3－1）/（11－1）= 20%。实际操作中无须自己计算，不少网站（如"理杏仁"）中有现成数据。
[2]恒生中国企业指数的简称。

模糊控制

现在我们已经清楚了全市场16倍PE是个阈值。在这个阈值之上，投资十年期国债远胜于投资全市场股票。

遗憾的是，以老东的经验，当市场处于这个阈值时，往往处于十分亢奋的状态，这时各类利好消息漫天飞舞，常见的说法如"牛市才刚刚开启""中国资本市场新时代来临""指数万亿点征程才在山脚"等。因此，16倍PE的股票市场，绝不意味着它不会继续上涨、投资者不会继续获得浮盈，甚至最终会到达让人瞠目结舌的地步。只是这些如梦幻泡影，终将消失，而且极难把握，属于我们不可认知区域，错过就错过了吧。

如果我们将16倍PE比喻成车距，则那时的情况很像行驶在高速公路上，但前车和我们之间已经在安全距离以内了。这时候前车或许会继续开，我们也极可能保持这个速度再开很长一段时间，遗憾的是，这会儿刹车减速才是价值投资者的选择。于是，组合管理的另一个关键问题应运而生：我们一定要等到安全距离才将刹车踩到底吗？

比如我们给自己预设一个驾驶策略。规定安全距离以外就随便开，安全距离以内就刹车踩到底。猜猜会怎么着？为了执行这个策略，我们需要在安全距离+0.00001米外迅速提速，在安全距离-0.00001米内又踩死刹车，这与我们实际的操作习惯大相径庭。甚至不免会担心，如果我们的车在安全距离+0.00001米时提速，可正巧前方车辆突然紧急刹车，那该怎么办？

这里蕴含的道理是，我们的思维是渐变的，而不是计算机式的陡变。因此，为了迎合我们的思维模式，需要我们更进一步，设计一套渐变式的股债平衡体系。它与我们平时的驾驶习惯并无二致，是一套"渐变控制"的体系。

（1）在接近安全距离时（往往此时市场很乐观），抓紧刹车（减仓）。

（2）在远离安全距离时（往往此时市场很悲观），抓紧加速（加仓）。

（3）在正常情况下，则循序渐进式地加油或刹车（加、减仓）。

为了设计这套体系，我们至少有两个问题要回答：

（1）多近算近，多远算远？

（2）两头区域和中间区域的加减仓幅度该如何设计？

这方面的设置就只能靠经验主义了。老东的思路是，将市场的历史估值切成10等份，按照个人的性格特点，设置对应步长的股票比例。比如对于保守型的投资者，可以设置这样的策略：

表6-2 保守型策略示例：在历史估值较高时清仓

单位：%

市场历史估值	组合中股票比例	组合中债券比例
20	100	0
30	90	10
40	70	30
50	50	50
60	30	70
70	10	90
80	0	100

而对于有些追求极限的投资者，也可以这样设置策略：

表6-3 激进型策略示例：在历史估值最高时才清仓

单位：%

市场历史估值	组合中股票比例	组合中债券比例
0	100	0
10	95	5
20	90	10
30	80	20
40	70	30
50	50	50
60	30	70
70	20	80
80	10	90
90	5	95
100	0	100

在实际操作中，大多数的优秀公司是上证50和恒生中国企业指数的成分股，因此我们可以用这两个指数的平均加权作为市场的代表。至于指数估值从何而来，这也比较好办，大多数基金的网站会公布对应数据，比如天天基金网、蛋卷基金等，也可以直接到对应指数的官网找到，一些数据服务网站如"理杏仁"也不错。

有读者可能会困惑：这套组合管理是否真的能有效帮我们提升业绩水平呢？它与我们直接暴力使用"安全距离±0.00001米，踩刹车或踩加速"在结果上是否真的有差别呢？

首先，人的本性必然会让大多数市场参与者"在恐惧时恐惧过头，乐观时乐观过头"，因此市场会暴跌或暴涨。此时，通过市场历史估值极低或极高时对应加速加仓和减仓的动作，我们能利用市场先生获得超额收益——但这一切都有前提，得真的在能力圈内进行才可以。

其次，遗憾的是，与"暴力式策略"相比，确实没有论据支持"渐进式策略"能取得较高的收益率。换句话说，比如我们完全可以设置16倍PE为分界线，在这个分界线下，就全部买股票；在这之上，就清仓全部买国债。这套策略大概率也会取得不错的回报。但是，当我们从纯粹的经济结果中跳出，看到策略背后实实在在的人时，"渐进式策略"却有着"暴力式策略"更深刻的价值——它更符合人类本性，在操作上更可持续。

如前文所说开车的例子，大量见于我们的生活中。比如我们对温度的认知也是渐变式和模糊的，这导致空调的温控系统设计背后的逻辑与此相同；又比如我们对菜品味道的感知、服务满意度的评价、产品体验的感受等，都不是陡变和跳跃式的。实际上，为了满足我们的真实逻辑，大多数人机交互的界面都会采用一种叫"模糊控制"的控制方法论，以达到拟合人类真实感受的效果——尽管这套方法论的经济结果可能不是最佳的。

相比于计算机的精确计算，模糊控制有利于减少实际交互中"一惊一乍"现象发生的次数，它更具备错误容忍能力。类比于忙碌者在公司中常见的管理方法论，精确计算有点像是以刚性的指标驱动的管理方式，模糊控制则更像是管理艺术中的主观和柔性管理方式。

"投资的秘诀是：永久资本。它至关重要。你需要它，因为在危急关头，人们会跑掉……这就是我们要保有大量现金在手的原因。现金相当于财务的安定药片。它可以让你保持冷静、沉着和镇定[①]。"老东缓缓说道，"安定药片这个说法我觉得很好，我们是人，不是机器，因此价值投资不仅是琢磨公司，琢磨自己也很重要。"

"方法我看懂了。"小芸笑嘻嘻说道，"我可以用一句话概括组合管理！"

"说说看？"老东笑道。

"别人恐惧我贪婪，别人贪婪我恐惧。"

---

① 出自著名的价值投资布道者布鲁斯·伯科威茨。

第 7 章 行业选择

在能力圈内数月亮

通过组合管理，我们完成了买入决策时的第一个动作。在这个动作中，尽管有很多细节需要因地制宜，但其目的仅有一个：弄清楚我们将多少比例的钱用于买股票。现在，让我们忘记组合管理，切换到"行业选择"场景。在这个场景下，我们要讨论的核心问题是：

（1）我们买哪些行业？

（2）每个行业最多分配多少仓位？

这两个问题的答案，首先隐藏在"在能力圈内投资"这一思维模型中。

在实践中，老东的建议是：可以找一个安静的地方，在纸上依次写出自己喜欢的、常用的、赖以生存的行业（赚钱的）。然后尽可能地寻找三个圈的交集作为开局。当然，可能并非所有人的这三个圈都会有交集，若能找到两个，也不错。

比如一位喜欢游戏的游戏架构师，自己又确实对游戏行业有非常深刻的认识，显然适合投资游戏行业。又比如一位喜欢喝酒的地产从业者，自己身边还有亲戚开酒行，那么白酒可作为首选的行业，其次为地产。当然，就如前文说的，对于小芸这样的金融科技从业者，本身又热爱互联网，金融和互联网可以作为首选。

"行业选择方面，对于更多的人，更适合从彼得·林奇所说的'身边的投资'着手。"老东抿了一口茶，继续说道，"当我们逛街时、吃饭时、游玩时，甚至是遛娃时，都在接触各行各业，大脑时时刻刻在'挂机'自动式调研。当我们消费某种商品时，就给这种商品所在行业投了赞同票，这背后公司的质地也不会差到哪儿去。这些行业都可以作为选择。"

"举个例子，许多年前，我在国外居住，装修时购买家电，发现很多家电公司支持一家消费金融公司的分期。心生好奇，我把消费金融公司所在行业的竞争格局，公司的发展历程、战略、主要产品都理了一遍。最后，顺藤摸瓜找到了它的母公司，最终发现该公司有着极深的护城河，于是对其进行了投资，取得了不菲的回报。"

"谁承想，若干年后，我所在的金融公司一次内部转型的会议上，老板提到了消费金融，并询问在场谁了解该行业在国外的发展。我凭借着几年前的研究，当场获得了老板的青睐，最终被委以重任。"老东用深邃的眼神看着小芸，继续说道，"这件事情看似巧合，实际上是日积月累必然出现的飞轮效应。"

小芸看着他，不由颔首。

另一个答案，蕴含在"寻找能等效成债券的公司"这一目标中。

为什么这么说呢？

因为处于不同阶段的行业，并非都能满足理念篇所述要求。

我们知道，任何一个行业都要经历一个完整的生命周期，包括初创期、成长期、成熟期、衰落期。同行业不同的公司虽有不同，但与该行业所处的整体发展阶段有很大关联。当行业处于上升阶段，该行业所有公司的成长性都会比较好；相反，当行业开始衰退，即使有些公司能够做到经营有方，但行业内的大多数公司的整体状况并不乐观。

在初创期，大量的新技术被采用，新产品被研制但尚未大批量生产。这一阶段，行业内公司如满天星斗般出现，收入增速都很高，净利润增速也很高，但实际上，行业内的公司大多数情况下还未有稳定的商业模式，更无从谈起形成护城河，所赚的钱也未必是真钱。这个阶段往往持续不久，随后行业内公司的收入和利润情况将迅速变形。初创行业中的公司，大多很难等效成一张债券，并不符合本书所述要求，需慎重选择。

在成长期，各项技术已经成熟，产品的市场不断扩大，公司的商业模式开始成形，收入和净利润稳步上升，行业的领导者开始出现。在成熟期，行业内公司的商业模式已经稳定，收入和净利润也在上升，公司现金流充裕，行业格局已经确定。成长期和成熟期的行业常常会褪去满天星斗，只剩下个别高高挂起的月亮，故而有"数月亮不数星星"的美名。

在衰退阶段，市场基本达到饱和，但产品更加标准化，公司的利润可能达到高峰。由于行业竞争激烈，边际利率逐渐降低，对利润产生压力，增长停滞甚至倒退。这阶段行业中的公司也难以等效成一张债券，也需谨慎考虑。

身处不同行业阶段的公司，其发展模式和工作目标有着巨大差别。在从原来阶段进入新阶段时，往往需要管理者转变思路和工作重心，调整难度很大。初创期很辉煌的公司，很可能在进入成长期的过程中栽跟头。如果说行业与我们离得太远，我们也可以从同样是社会组织形式的"家庭"的生命周期来窥见其中跨越阶段的难度。

按家庭发展周期理论，家庭的发展阶段也有四个：离家、成家、育儿、下一代离家。

在离家阶段，首要任务是心理上完成和原生家庭的分离，从而建立除此以外的关系。父母则也要学会减少介入，避免成为年轻人离家的阻碍。在成家阶段，首要任务是与伴侣建立协调关系。夫妻有不同的成长经历和家庭背景，建立协调机制是个很大的挑战。如果协调得好，夫妻双方都会改变，最终彼此形成默契，两个人融为一体。若融合得不好，即使勉强进入下一阶段也是灾难。在育儿阶段，首要任务又变成了抚养孩子，但此时最容易产生的问题是生活变成了一种琐碎又程序化的任务，挤压了夫妻间的亲密感，从而使其中一方只能向外寻求寄托，家庭关系在此走向终结。在最后的下一代离家阶段，我们又要学会放下对孩子的注意力，重组家庭结构，将重心回归到伴侣关系上，建立晚年的协调机制。

正因为跨越阶段的难度极大，作为忙碌者，我们更明智的做法是谨慎选择甚至放弃初创期的公司，而非指望在初创期买入，吃所谓"高速发展阶段"的股价红利。毕竟这个阶段，我们极难将公司等效成一张债券。对此彼得·林奇在其著作《成功投资》中有一段经典论述：

如果你坚持密苏里州人"眼见为实"（Missouri "show me"）的原则，直到亲眼看到微软的业绩才肯相信，那么你可以在微软的Windows 95大获成功后再去购买它的股票，即使如此你的投资仍然能够增长7倍。

同样地，从个人成长来看，也不难理解"成长期和成熟期更适合投资"。

我们从呱呱坠地到长大成人的过程，则很像行业的初创期，看起来有无限可能，故事会很美好；等到我们大学毕业，走向社会初期，则很像成长期，顺利的话，社会地位、收入、人生价值都会快速提高；而工作十年左右，则进入了成熟期，此时晶体智力[①]处于巅峰，成长模式也已经定型，再往后就是衰退期了。从这几个阶段来看，若我们要对某个人可能取得的价值有清晰预判，显然是成长期和成熟期更为合适，在初创期纵然有无限可能，却很难对其将来做出相对准确的判断——小时了了，大未必佳。

"简而言之，我们可以用一句话概括买哪些行业的原则。"老东说道。

---

① 美国心理学家雷蒙德·卡特尔把智力的构成区分为流体智力和晶体智力两大类。晶体智力是指在实践中以习得的经验为基础的认知能力，如人类学会的技能、语言文字能力、判断力、联想力等。流体智力是与基本心理过程有关的能力，是一种以生理为基础的认知能力，如知觉、记忆、运算速度等，是与晶体智力相对应的概念。

"什么?"小芸满怀期待地看着。

"在能力圈内数月亮。"

值得终生思考的答案

最后一个参考答案,是不同行业的护城河有高低之分。

我们的目标是找到具有护城河的优秀公司。这类公司通常因为具有护城河而具备产生自由现金流的能力,因此能等效成一张债券,从而我们才可进行公司价值的计算。而如果我们所投资行业中的公司天然就比其他行业的公司竞争得不那么激烈,更有护城河,则成功实施该逻辑的概率自然比其他行业高一些,我们的购买上限也可高一些。

那么,从护城河的角度审视,行业也有高低之分吗?

帕特·多尔西所著《巴菲特的护城河》一书给我们提供了思路。该书中,作者对他所认为的四类主要护城河进行了论述。此过程中,作者发现各行各业从护城河角度来看是有差距的。有的行业中的公司天然容易形成护城河,有的行业中的公司则不容易。此外,根据竞争优势强大与否和持久性,书中将护城河分为了"宽护城河"和"窄护城河"。该书按行业对2000多家公司(以美国公司为主)进行了分类,见表7-1。

表7-1中所依赖的公司大多源于在美国交易所上市的美国和全世界范围内优秀的公司,因此我们使用该表时,需要适当考虑本土化差异。

表 7-1 2000 多家公司按行业的护城河分类

单位：%

行业	窄护城河	宽护城河	总体护城河
软件	49	9	58
硬件	26	5	31
媒体	69	14	83
电信	59	0	59
医疗卫生服务	31	11	42
消费者服务	32	7	39
商业服务	36	13	49
金融服务	54	14	68
消费品	32	14	46
工业原料	31	3	34
能源	55	6	61
公用设施	80	1	81

比如软件比硬件行业更容易形成护城河，因为从转换而言，软件比硬件更难。这个经验借鉴到我国，总体还是成立的，毕竟软件离用户更近，更容易形成习惯。

但是，电信行业之所以具备护城河，是因其研究的电信公司有一半属于外国公司。这些国家通常对电信业的管制比较松，或者某些电信公司寻找到了不被竞争对手注意的夹缝市场。作者也强调，在美国这种强管制的国家，电信业很难具备护城河。老东认为在这方面我国的状况与美国雷同。

媒体行业具备护城河，则是因为美国的文化输出能力强大。这些公司中，不乏像迪士尼这样的强者。它们控制着大量独有的内容，这些资源的开发成本之低可谓是羡煞旁人。遗憾的是，这样的规律并不太适用于我国。对此，高毅资产首席投资官邱国鹭先生在其《投资中最简单的事》中有句言简意赅的总结："迪士尼之所以值得投资，是因为唐老鸭和米老鼠从不会要求天价出场费，也不会三天两头地要求涨薪。"

类似此书的结论，往往可以给我们启发，但切忌拿来主义。就连芒格老先生也在一次演讲中感慨，他难以理解为什么在有的国家，可口可乐能以非常舒服的姿态取得大市场份额，而在有的国家，饮料市场则"卷成一团"，连可口可乐都有巨大的生存压力。有关具体怎么评估每个公司的护城河，我们将在第8章"公司分析"中进行详细讨论。而除了上述以外，我国行业与该书中行业的差异化，是作为忙碌者的我们，在工作生活中需要不断思考的问题。

结合答案一和答案二，我们可以整理出表7-2。

表7-2 买什么行业

答案	细分项	行业	护城河概率（参考项）
在能力圈内	喜欢的		
	常用的		
	赚钱的		
数月亮	成长期		
	成熟期		
最终选择			

对于投资新手，老东建议首先选择能力圈内"喜欢的、常用的、赚钱的"三者中交集多者作为开局。若没有交集，则可以考虑选择"喜欢的"进行开局。选择后，判断出其是否处于成长期/成熟期，若非如此，建议回到能力圈内选择"常用的"，再来一遍。

你大可不必担心在能力圈内找不到行业。以老东的浅见，至少我们会在"常用的"中找到合适的行业，其中的公司涉及衣食住行、生老病死、吃喝玩乐，可选项非常多。当选出来后，大多数人用朴素的生活认知，便能大概得出这个行业是否处于成长期/成熟期，然后"拍脑袋"得出其适合的最大仓位，再在不断的学习中修正这些认知的细节。

表7-2在实际应用中，老东的经验是若条件"在能力圈内数月亮"都满足，则可以予以最多30%的仓位。此外，若其满足较高的护城河概率，则最多予以70%的仓位。

值得强调的是，在"行业选择"模块，我们研究的是某个行业"最多"买多少仓位，而非"一定要"买多少仓位。在实际操作过程中，很可能出现A行业最多可以买70%的仓位，可最后对这个行业的公司分析了一圈下来，我们只买了30%的仓位的情况。在"行业选择"中，我们研究的只是"上限"。至于每个行业中的公司买多少仓位，我们将会在"公司分析"中进行讨论，更会在"操作篇"中以实例进行练习。

本章所述两个问题的解法，更重要的是掌握其中思路和拆分逻辑的角度。至于上述30%、70%,纯粹是老东的经验值,与"组合管理"中的模糊控制相似,不必生搬硬套。毕竟每个人所具备的资源禀赋不同,对世界的认识不同,所得出的答案也不同。作为忙忙碌碌的个人投资者,琢磨自己比琢磨行业和公司更为重要,这是终生需要思考的答案。

第 8 章 公司分析

本章要解答的是在被选出来的行业中,我们选取哪些公司。在开始之前,我们再回顾一下理念篇的思维模型。

在理念篇第3章"谁决定了价格"一节,我们确定了以"价值决定论"为基石。以此为基础,我们仅需要判断公司未来能产生的自由现金流,就能预测公司可以带来的回报。在此基础上,我们又简化了DCF的计算过程,得出了计算公司价值的式4-11。

"公司价值,不偏不倚应该等于其自由现金流的折现"是本书的"公理"。

"公理"的关键是,我们对公司自由现金流是可预期的。换言之,蕴含在这"公理"之下还有一个关键假设:公司的商业模式得具备"足够深的护城河",使得自由现金流具备一定的可预期性——在第4章"简易财报与自由现金流"一节,我们称其为"稳定持续赚真钱"。

拥有足够深的护城河的公司是披着股票外衣的可靠债券。如此,我们才能将公司股权转换为一张"类无风险利率债券"。借助无风险利率的锚,才能对公司进行估值,才有了后面决策买卖的事情。因此,本章要回答的第一个问题是:什么是"足够深的护城河"?

第8章 公司分析

归纳法和演绎法

巴菲特在致股东的信中,关于护城河是这样论述的:

我喜欢的公司是由很深、很危险的护城河环绕的城堡。城堡的主人是一个诚实而高雅的人。城堡最主要的力量源泉是主人天才的大脑。护城河永久地充当着阻挡那些试图袭击城堡的敌人的壁垒。

这段文字属于艺术性描述,其中的关键词是"壁垒"。

正是因为这个独特竞争壁垒的存在,让我们得以将公司等效成一张稳定债券。而依据在第4章"预期的最优解"一节提到的"选择三年为展望期",意味着我们必须用穿越时空的目光看到公司三年后的状态,彼时的它通常能给我们带来这样的感慨:哦!这公司的壁垒这么深,竞争对手无法进攻,妥妥的稳定债券,完全可以按照无风险利率进行估值。

那么现在的问题是:我们如何评估它三年后是否还会如期拥有这个状态呢?或者我们把这个问题抽象成普遍问题:在评估事物未来的发展上,分析方法通常有哪些呢?

从普适性而言,我们对未来的判断方法主要有两种:归纳法和演绎法。

归纳法是通过总结过去的经验来指引未来。这类方法是通过统计采集过去的数据或信息,从而推演未来。一个典型的例子是人类自古仰望天空,发现一年365天地球都绕着太阳转,年年如此,则可以归纳出"地球会围绕太阳公转"的结论。有心的读者阅读巴菲特的书籍或者信件[①],会经常读到类似"稳定经营的历史"等对护城河的描述,

---

① 推荐《巴菲特之道》《滚雪球:巴菲特和他的财富人生》《巴芒演义》。

采用的正是归纳法。

归纳法的最大问题是遭遇陡变的事件。在塔勒布的《随机漫步的傻瓜》一书中，有个"火鸡之死"的案例，是对归纳法可能存在的问题的经典阐述。

书中写道，一只驯养的火鸡，从生下来那一天就是快乐的。每一天，都会有一个友善的人类给它喂食。在它小小的大脑里，这就是与生俱来的规律，这就是生活的全部。火鸡没法不这样想，因为每一次喂食，都向它确认一件事：到点就有吃的，明天还会一样。

这样的日子持续了差不多一千天，直到感恩节前的一天，每天给它喂食的人类突然一把薅住它的脖子，接着咔嚓一下，可怜的火鸡已经身首异地。如果这只可怜的火鸡在天有灵，它对这一天发生的这件终结它平静生活的怪事，一定会百思不得其解。毕竟这一天之前的每一天，人类都是那么友善。可是为什么突然就变得如此凶残了呢？

可怜的火鸡不明白人类的什么基督教传统，也不知道自己的祖先何以得罪了人类，让他们以烤食自己为传统。在它看来，感恩节前的被杀，是一件无法想象的事件，而这个事件却对它造成了致命的影响。

演绎法通过原理来指引未来。这类方法是通过"大胆假设"某件事的原理或者某个组织的运行模式，然后推演它会如何发展，最后再随着时间推移去"小心求证"这个假设，从而修正假设。仍以地球公转为例，我们大可不必去统计地球是否自转，只需要理解牛顿的万有引力定律，就能推演出地球未来会绕着太阳公转这一结论。在谈到护城河时，常被提到的"拥有良好的前景"之类的，采用的就是这种分析方法。

演绎法的最大问题是基础假设可能是错的。演绎法曾经导致的人间悲剧之一是优生学的推广，故事还得从达尔文的进化论说起。

我们知道，达尔文《物种起源》的伟大，并不是在生物学上的影响，而是在思想上的拓展，比如公司发展组织的运作，优胜劣汰机制。大多数人所不知道的是，达尔文的表弟，弗朗西斯·高尔顿在达尔文发表该书后不久，发表了《遗传的天才》一书。这位与达尔文并驾齐驱的天才，罗列了各领域的杰出人物，发现他们之间有一定的亲缘关系。由此，优生学的大幕被拉开了。

优生学的演绎逻辑非常简单，是直接从达尔文进化论演绎出来的。生物的性状可以遗传，父母强强联合生下的下一代也会比较优秀，而且植物学家和动物学家一直在对猪、牛、羊等搞科学育种，非常成功。推而广之，该结论显然在人类身上也可以应用。

优生学这个想法实在是太有吸引力了。经过几代科学家不断的努力，加之美国总统罗斯福非常推崇，1910年，美国成立了优生学办公室，研究发现，那些不是很聪明或者情绪上很软弱、自制力差的人，他们的下一代确实也有雷同表现。

1930年，美国居然有32个州通过了绝育法，强制让那些被认为有问题的美国公民绝育。而纳粹所演变的人间惨剧和大屠杀，很大原因也来自美国实施的这套优生法案。

那么优生学的问题在哪儿呢？

问题在于其演绎所依赖的基础。首先是遗传起点不同。每个女性所具备的生育条件也是不同的，要搞优生学，至少得让每个女性的条件相当才可比较，这显然也是不可行的。其次是遗传过程非单一变量。当年的生物学家没太想明白，虽然我们的头发和眼睛的颜色是由基因传递的，但也有大量因素是由基因和环境共同作用后传递的，比如身高、智商、情商等主导了这个人能为社会创造价值的要素。最后是结果也无法简单评价。评价人的角度也不应是功利的和静态的，某个要素对于人类是好还是不好，跟具体的社会发展阶段有关系。

幸运的是，如今全世界范围内都达成了共识，优生学是被明令禁止的。

由此可见，归纳法和演绎法各有问题，并无高低之分，最好是两种方法结合着用。当二者使用后都指向同一个预测结果时，该预测结果的可能性会高出单独使用其中一种方法的预测结果。

用归纳法和演绎法来区分我们的分析方式，还有个好处是在与他人讨论或者自己脑中自辩时，容易弄清楚目前讨论的点是哪个层次的认知，有利于提升辨析的效率。

数据、信息、知识、智慧

为什么这么说呢？这还得从我们对事物的认知层次说起。

我们对事物的认知大致可分为：数据、信息、知识、智慧。

数据：只能描述收集到了什么，不提供解释或判断。

信息:是数据经过加工后获得,具有逻辑关系的数据,是对数据的解释。

知识:通过建立信息与信息间的实体关系而获得。知识是在对信息进行了筛选、综合、分析等过程之后产生的。它不是信息的简单累加,往往需要加入基于以往的经验所做的判断。因此,知识可以解决较为复杂的问题,能够积极地指导任务的执行和决策。

智慧:源于对知识进行审时度势的应用。其主要表现为收集、加工、应用知识的能力,以及对事物发展的前瞻性看法,体现为一种卓越的判断力。

在复杂性科学家斯科特·佩奇的《模型思维》一书中,用图8-1对数据、信息、知识、智慧四者之间的关系进行了解释。

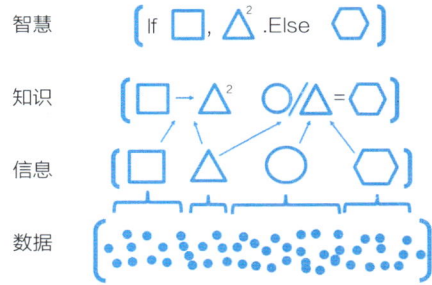

图8-1 《模型思维》中对数据、信息、知识、智慧的图例化解释

以驾驶为例。一辆汽车在行驶过程中收集到的信息是数据。通过加工数据,我们发现比如沿江东路附近的红绿灯处容易堵车,这是信息。基于大量的这类信息,我们经过研究形成了不少自动驾驶的算法,这是知识。但为了将其推而广之,比如应用到不同路线和不同汽

车上，我们要思考什么情况下用哪个算法，则是智慧层面的事情了。

归纳法更多的是在做数据和信息层面的事情，它从以前向此时看，是定量的统计，是体力活儿。演绎法更多的是在做知识和智慧层面的事情，它从现在向前看，是定性的分析，是脑力活儿。比如我们来看看下面这段话：

历史上伟大的公司都是从小公司成长起来的，找寻真正的好公司，要从五个维度来做判断：第一，公司要没有天花板，成长空间无限；第二，公司的商业模式要简单、可靠、容易理解，被更多人认同，众人拾柴火焰高；第三，公司的盈利能力要强且可持续，每年业绩都保持增长，连续十几年就一定能长成大公司；第四，要有商业壁垒，护城河深且宽；第五，要有好的文化和好的团队，来抵御成长过程中的挑战。

其中，第一、第二、第四、第五更像是在讨论演绎法，第三则表达的是归纳法。如果我们按照归纳法和演绎法的框架思考，而不是这样揉成一团的罗列，或许有机会得到理解公司更全面的模型。在思想碰撞的过程中，也可以一针见血地提出问题是出在归纳还是演绎上。

比如对话可能是这样的：

A：××公司的毛利长期高于对手，这样就可以认为它是有护城河的。

B：你说的仅是归纳层面的结论，我们还得思考演绎法，不是吗？得理解高毛利背后的原理，看它是否还可以持续演绎。

A：但毛利很高，不就已经说明护城河很深了吗？

B：试想，两家相同毛利的公司，在演绎法层面未必相同啊！它们的演绎方式可能是不同的，所以护城河就有深浅之分了。

A：哦哦对。通过归纳法判断出它有长期优于对手的东西；通过演绎法发现这个东西是供应链，而另外的一家可能是别的。

护城河演绎六问

以老东的经验，从演绎法和归纳法出发，满足"足够深的护城河"的公司，至少得在回答以下十个问题时，达到及格分数。

首先是护城河演绎六问。

（1）公司是干什么的？

（2）为什么客户非得选择它不可？

（3）为什么竞争对手抢不了它的生意？

（4）管理层是否靠谱？

（5）公司有什么独特的文化？

（6）公司可能以什么原因丧失护城河？

其次是护城河归纳四问。

（1）ROE≥15%，少数ROE[①]不远大于归母ROE[②]。

（2）资产负债率<50%，有息负债占比低。

（3）经营现金流÷净利润>1。

---

① 少数股东的ROE。

② 母公司普通股东的ROE。

（4）净利润率[①]≥15%。

要回答这些问题，需要依赖有深度和广度的思考，但形成答案的文字反而是越少越好。越少的文字，意味着越简单的商业模式，而简单的商业模式下却还能有及格分以上的护城河，足见公司竞争壁垒之深。虽然在操作篇中我们会以腾讯控股为例进行详细解析，但在这儿老东还是简单地以贵州茅台为例，为您提供一些演绎六问的回答角度。

一问：公司是干什么的？

答：卖酒的，营收中茅台酒[②]占比近九成，利润也主要由茅台酒贡献。

二问：为什么客户非得选择它不可？

答：产品有很好的功能价值，好喝不上头；产品有很好的情绪价值，高端社交必备；产品衍生了金融价值，相当于硬通货，但需要警惕金融价值的过度化。

三问：为什么竞争对手抢不了它的生意？

答：公司的产品有很好的品牌价值，国酒茅台威名远播。

四问：管理层是否靠谱？

答：现任董事长丁雄军是政治和经济条线官员出身，因此在同理心方面应该在及格分以上；茅台公司是贵州省的纳税大户，公司经营离不开与有关单位的斡旋。丁雄军对行业的洞察力是有的，但从其简历上看少有与酒交集的工作，因此是否具有深刻洞察力存疑。此外，

---

① 净利润÷营业收入。
② 含飞天茅台、年份酒、非标茅台等，按2021年贵州茅台年报数据。

其是否有长期主义理念（比如会不会因为短期业绩，用茅台品牌乱做各种酒），是否有专注的执行力，也仍待观察。

五问：公司有什么独特的文化？

答：公司始终坚持质量第一，其他事宜都必须为品质让步。

六问：公司可能以什么原因丧失护城河？

答一：企业文化溃散，导致茅台酒酒质下降。公司急功近利，过快拓展多个品牌，稀释飞天茅台的国酒品牌，导致品牌力迅速下降。

答二：白酒是属于消费税范畴的产品。我国白酒知名企业股东大多为地方政府，自1994年分税制改革中增加消费税以来，经过多轮中央与地方的博弈，最终形成了当前消费税收取方式的格局。未来不排除中央加大消费税力度，但其中涉及中央与地方的博弈，难度较大。

从对贵州茅台的分析中，相信您已经读出一些端倪了。

首先，在回答为什么客户非得选择这家公司不可时，可以按照"功能价值、情绪价值、金融价值"来分析。该框架源自商业媒体人蔡钰老师的《蔡钰·商业参考》。公司所提供的产品或服务功能价值越独特，情绪价值越丰富，分数越高，有金融价值是好事儿，但要警惕过高的金融价值。

上述三个价值中，功能价值是产品或服务具体可以实现的功能（如扫地机器人可以代替我们扫地）；情绪价值代表了用户为了获得某种情绪或感受而愿意支付的价值；金融价值则是指产品衍生的资产可增值属性。

其次，在回答为什么竞争对手抢不了它的生意时，可以按照"品牌心智、转换成本、网络效应、独占资源"来分析。该框架源自晨星公司证券研究部主管帕特·多尔西的《巴菲特的护城河》。通常来说，当公司的商业模式拥有上述四点之一或更多时，竞争对手很难抢夺其生意，哪怕巨头携巨资都要掂量三分。四者中，品牌心智常见于消费行业，是短期烧重金也换不来的。值得注意的是，衡量品牌心智护城河深浅，不在于品牌的受欢迎程度，而在于它是否能影响消费者的行为。转换成本是指客户从该公司切换到另一家公司需要付出极大的成本，常见于金融、医疗和一些做B端服务的行业。要识别转换成本并不容易，得我们真的是该公司客户才容易理解。网络效应是指随着用户人数的增加，公司的产品或服务的价值迅速提升的效应，常见于互联网和依赖于供应链管理的实体产业。独占资源在书中是指低成本的流程优势、更优越的地理位置、与众不同的资源三类。不过按老东的认识，低成本的流程优势本质是对手的一种懒惰，并不能说对手抢不了该生意，因此此处擅自将书中"成本优势"更名为"独占资源"。

再次，在回答管理层是否靠谱时，可以按照"长期主义理念、行业深刻洞察力、专注的执行力、超强的同理心"来分析。该框架源自高瓴资本创始人张磊的《价值》。张磊先生是一、二级市场投资的翘楚，识人无数。以老东的认识，股票市场中的公司，拥有能全部满足这四者的管理层或管理团队寥寥无几。四者中，拥有长期主义的管理层能在不确定性中找到公司真正的确定性,能谋求长远;行业深刻的洞察力,能引领公司不断推陈出新,增长出第二曲线;专注的执行力不仅可以让管理层把事情做到极致,更能为公司上下树立榜样;拥有超强的同理心则能协调更多的资源,兼顾各方利益,把事情做成。特别是我们身处政治贤能制[①]的中国,这点尤为重要。

最后,在回答公司企业文化时,可以借助行业或公司相关的书籍、访谈。比如在该例子中,我们可以通过走访茅台镇或是阅读与茅台相关的书籍,理解其赖以形成护城河的企业文化。以老东的认识,茅台的企业文化包括了很多,但其中,始终坚持品质第一,并为此进行了许多牺牲(如通过全面自动化迅速提升效率、在茅台镇以外的地区进行扩产),让人眼前一亮,可认为其是独特的、形成护城河的企业文化。

综上,我们可以将护城河演绎的二至五问分析思路总结为表8-1。

表8-1 护城河演绎问题的回答思路、来源

护城河演绎问题	分析思路
客户非得选择不可	功能价值、情绪价值、金融价值
竞争对手抢不了	品牌心智、转换成本、网络效应、独占资源
管理层是否靠谱	长期主义理念、行业深刻洞察力、专注的执行力、超强的同理心
独特的企业文化	通过行业或公司相关的书籍和访谈获得

---

① 出自李录《文明、现代化、价值投资与中国》一书,书中认为我国与西方最大的区别,是政治上的贤能制和经济上的贤能制。我国不求细节上的精确,但求大盘子的稳定,因此政治治理要重于经济治理。

护城河归纳四问

一问：ROE≥15%，少数ROE不远大于归母ROE。

答：公司过去8年归母ROE中位数为33%，2020年归母ROE为31%，表现出了稳定的归母ROE水平。公司2020年归属于少数股东净利润28亿元[1]，少数股东权益64亿元[2]，少数股东ROE约为44%[3]，并没有远大于归母ROE。

二问：资产负债率<50%，有息负债占比低。

答：公司资产负债率过去8年中位数为22%，2020年资产负债率为21%。

三问：经营现金流/净利润>1。

答：公司经营活动产生的现金流量净额除以净利润，过去8年中位数为103%。2020年为104%，可见公司赚的是真钱。

四问：利润率≥15%。

答：公司过去8年净利润率中位数为49%，2020年为51%，表现出了超强的盈利能力。

上述分析中，有两个值得深究的点。

首先问题一中归母ROE和少数ROE的计算。

ROE，为净资产收益率的英文缩写，简单讲就是公司每一元钱的资产能产生的收益（净利润）。

---

[1] 详见贵州茅台2020年报合并利润表。
[2] 详见贵州茅台2020年报合并资产负债表。
[3] 来自28÷64。

那么为什么ROE又有归母(归属于母公司普通股东)和少数之分呢?

让我们看看下面这个例子。

假设有胖子和瘦子两家公司。胖子公司的净资产收益率较低,每10元钱的净资产,每年仅能带来1元钱的净利润;瘦子公司效益比较好,每2元钱的净资产,每年能带来0.5元钱的净利润。在这个例子中,胖子公司的ROE=10%,瘦子公司的ROE=25%,如表8-2所示。

表8-2 胖子和瘦子公司的经营情况示例

科目	胖子	瘦子
净资产(元)	10	2
净利润(元)	1	0.5
ROE(%)	10	25

忽然有一天,胖子持股了瘦子70%的股权,那么表8-2所示的胖子便演变成了"胖子母公司",该母公司持有100%的胖子,70%的瘦子。对于原胖子公司的股东,胖子母公司净资产为10+2×0.7=11.4,净利润为1+0.5×0.7=1.35。此时,归属于胖子母公司普通股东的ROE=1.35÷11.4×100%≈11.84%,高于此前的10%。这并不难理解。毕竟原胖子公司吃进了一个比自己效益更好的公司,那么新的胖子公司自然在整体上效益会比原来的好。

对于原瘦子公司的股东,他们持有的股权仍是瘦子的,因此净资产收益率仍是25%。遗憾的是,在胖子母公司的股东们看来,这些原瘦子公司的股东和他们不是一路人,因而,便赋予了"少数股东"这一说法。

为方便理解,老东将胖子母公司和瘦子公司的最新情况列支如表8-3所示。

表8-3 新的胖子(胖子母公司)和瘦子公司的经营情况示例

科目	胖子母公司 (母公司普通股东)	瘦子公司 (少数股东)
净资产(元)	11.40	0.60
净利润(元)	1.35	0.15
ROE(%)	11.84	25.00

由此可见,若一个公司的归母ROE小于少数ROE,极可能是并未100%控股的子公司效益高于母公司。但既然母公司可以并表子公司,对其肯定有50%以上的控股权,因此母公司的高管大概率也会在该子公司任职。这便涉及另一个问题:利益输送。

比如,由于母公司是上市公司,获取资源的能力很强。高管们可以把更好的资源注入子公司,然后只分很小份给上市公司股东。资源是依赖母公司获取的,最后香了的却更多是子公司的高管。再比如,高管们物色到好的项目,也不直接往上市公司里装,而是装入子公司,从而谋取更多的利益。

当然,也并非归母ROE小于少数ROE就一定存在利益输送。

回到茅台的例子中,我们可以在年报中检索"企业集团的构成",查到母公司披露的重要子公司。从表8-4可以看出,包括贵州

第 8 章 公司分析

茅台酒销售有限公司（简称：销售公司）、贵州茅台集团财务有限公司、贵州赖茅酒业有限公司等。按公司年报所说，最重要的非全资子公司为销售公司，少数股东持有5%的股权。

表8-4 贵州茅台的重要非全资子公司

子公司名称	主要经营地	注册地	业务性质	持股比例（%）		取得方式
				直接	间接	
贵州茅台酒进出口有限责任公司		贵州贵阳		70		投资设立
贵州茅台酒销售有限公司		贵州仁怀		95		投资设立
贵州茅台集团财务有限公司		贵州仁怀		51		投资设立
国酒茅台定制营销（贵州）有限公司		贵州贵阳		70		投资设立
北京友谊使者商贸有限公司		北京		70		投资设立
贵州茅台酒巴黎贸易有限公司		法国巴黎		100		投资设立
贵州赖茅酒业有限公司		贵州贵阳		43		投资设立
贵州茅台酱香酒营销有限公司		贵州仁怀		100		投资设立

这销售公司之所以重要，还得从白酒的消费税说起。

消费税是1994年分税制改革[①]新增的税种，主要向烟、酒、汽油等产品征收。主要发展阶段包括：（1）期初时，消费税从生产端开始收取，生产时以多少钱销售，就按该标准收取。为了合理避税，白酒公司们纷纷成立销售公司，将酒以很低的价格销售给销售公司。（2）为了应对这一变化，中央要求销售公司低于市价70%销售的，要按50%~70%纳税。（3）白酒公司及其背后的地方国资委怨声载道，经过多方博弈后，中央在此基础上给了两折的折扣价。白酒公司

---

① 中央占全国预算收入的比重从改革前的22%一跃变成55%，并长期稳定在这一水平，大大增强了中央政府的宏观调控能力。

们通过母公司销售给子公司从而合理避税一事,就此固化了下来。

销售公司(少数股东)低价从母公司拿货,然后又高价卖出,显然其ROE会远高于负责生产端的母公司。在实际操作中,少数ROE不远大于归母ROE更像是归纳四问中的一盏灯,当其点亮时值得警惕。但若我们能深入其背后逻辑,则可以更清晰地明辨个中要害。

其次是问题二中的负债。

在贵州茅台的例子中,公司因为强势地位占用上下游资金(报表科目:合同负债)占比29%;因为公司是整个集团的创收主力军,各关联兄弟公司存在贵州茅台旗下财务公司的钱占比31%;各种应缴但实际上没缴的税费占比19%,三项合计占比79%。剩下杂七杂八的,也都不是有息负债。可见,公司的资产负债表非常健康。

同样是负债,我们也需要观察其是有息负债还是无息负债。有些公司虽然资产负债率接近临界点(50%),却可能完全没有有息负债。因此,资产负债率<50%这一条件,不可刻舟求剑般使用。

护城河辨析

如前文所述,归纳法干的更多的是体力活儿,更多地聚焦数据和信息层面。演绎法干的是脑力活儿,更多地聚焦知识和智慧层面。而对于护城河十问的核心,老东认为是前面的演绎六问,而非归纳四问。究其根本,归纳是演绎的表现,演绎才是归纳的实质。

为了辨析这个观点,让我们来看一家与贵州茅台"相似"的公司:思摩尔国际。

按照上文的逻辑,首先,我们尝试回答一下归纳四问。

一问:ROE≥15%,少数ROE不远大于归母ROE。

答:公司过去4年[1]归母ROE中位数为81%,2020年归母ROE为37%。尽管ROE有所波动(2017年为56%、2018年为106%、2019年为255%、2020年为37%),但仍表现出了超强的资本回报水平。公司没有少数股东权益,因此没有少数ROE。

二问:资产负债率<50%,有息负债占比低。

答:公司资产负债率过去4年中位数为60%,2020年资产负债率为16%,目前无有息负债。

三问:经营现金流/净利润>1。

答:公司经营活动产生的现金流量净额除以净利润,过去4年中位数为127%,2020年为127%,可见公司赚的是真钱。

四问:利润率≥15%。

答:公司过去4年净利润率中位数为21%,2020年为24%,盈利能力也不错。

归纳四问中,除了利润率稍微逊色外,该公司其他指标表面看都胜过贵州茅台。

那么该公司的演绎六问如何呢?

一问:公司是干什么的?

答:公司主要生产电子烟雾化加热器。公司的客户主要是电子烟

---

[1] 指2017—2020年。

品牌商，包括全球烟草巨头中的三家（日本烟草、英美烟草和雷诺烟草）、我国的电子烟品牌头部企业悦刻、全球范围新兴的独立雾化公司（如Vuse、NJOY）。公司45%的营业收入来自中国大陆。

二问：为什么客户非得选择它不可？

答：公司是陶瓷雾化首创者，技术领先竞争对手，产品体验胜于竞争对手的产品。

三问：为什么竞争对手（含巨头）抢不了它的生意？

答：公司的独占资源是陶瓷雾化专利，其他雾化方式（如棉花雾化）暂时做不到陶瓷雾化的产品体验；公司拥有转换成本优势，陶瓷雾化器涉及千种以上参数的排列组合，为了保证客户的体验，品牌商不会轻易转换生产商。

四问：管理层是否靠谱？

答：公司董事长兼总经理陈志平先生专注雾化领域十年，持有公司30%以上股权，是最大股东。管理层其他人员经验丰富，股权激励充分，多为初创团队成员，执行力强。

五问：公司有什么独特的文化？

答：公司企业文化是有责任、有梦想、有坚持、有爱心、有自省。五个"有"是依序产生的，公司主张员工"有责任"之后才会建立自己的"梦想"。强调责任先行的企业文化，有利于员工找到自己的人生价值。

六问：公司可能以什么原因丧失护城河？

第 8 章 公司分析

答一：公司45%的营收来自中国大陆。我国实行烟草专卖制度，由国家烟草专卖局（行政单位）维护烟草专卖制度，同时由国家烟草专卖局下的中国烟草公司（企业单位）进行烟草的销售。从人员构成来讲，国家烟草专卖局与中国烟草公司（二者下称：中烟）属于一套机构、两块牌子，既是裁判员，也是运动员。按我国烟草管理思路，将来中国大陆的雾化电子烟很可能也被纳入中烟管理体系。政策的不确定性，可能对公司的护城河有较大挑战。

答二：虽然陶瓷雾化器涉及千种以上参数的排列组合，但毕竟不是CPU等高精尖技术产品，竞争对手特别是大型竞争对手的进入，在时间的加持下可能越过该护城河。当然，公司拥有陶瓷雾化专利，若竞争对手采取陶瓷雾化的跟随策略，而非其他雾化方式，将面临较大的专利挑战。

让我们将贵州茅台和思摩尔国际的演绎逻辑呈列如下：

表 8-5　思摩尔国际的演绎法问题分析思路

护城河演绎问题	分析思路
客户非得选择不可	功能价值（很好）
竞争对手抢不了	独占资源（一般）
管理层是否靠谱	长期主义理念、行业深刻洞察力、专注的执行力 超强的同理心（未知）
独特的企业文化	强调责任先行
丧失护城河	外部：中国大陆政策变化、竞争对手追逐

表 8-6　贵州茅台的演绎法问题分析思路

护城河演绎问题	分析思路
客户非得选择不可	功能价值（很好）、情绪价值（很好）、金融价值（很好）
竞争对手抢不了	品牌心智（很好）
管理层是否靠谱	超强的同理心（及格）
独特的企业文化	品质第一
丧失护城河	内部：文化溃散、稀释品牌。外部：消费税导致格局变化

从表8-5和8-6中可看出，虽然归纳相似，但二者演绎的逻辑截然不同。对于"客户非得选择不可"和"竞争对手抢不了"两个问题的回答，贵州茅台给出的答案分数显然比思摩尔国际要高出很多。虽然思摩尔国际的管理层靠谱程度更高，但其有致命的问题：中国大陆地区的政策变化和竞争对手的追逐。这两个原因全在外部，可控程度很低。反观贵州茅台，虽然也有外部因素（消费税），但如前文我们分析的，外部因素的变化是缓慢且艰难的。由此，贵州茅台只要坚守好品质第一的文化，保持好品牌力——说白了就是自己别出岔子，即可保护其护城河。

由此可知，思摩尔国际很难"等效成一张债券"，后续的分析也就无从谈起了。

因此，虽然在分析护城河时，我们会使用归纳和演绎两种方法，但归纳法的根本还是建立在演绎逻辑可靠的基础上。以老东的经验，护城河十问中，演绎法是重中之重。

通过了行业选择，又通过了护城河筛选的公司，才算是正式进入咱们的视野。接下来要考虑的才是投资决策的问题。

"以我的经验,由于每个人的能力圈不同,经历也有限,加之满足护城河要求的公司少之又少,几个条件综合下来能满足条件的公司大概在两只手可数的范围。新手上路容易见到野花就想采——无论对于选择爱人,还是选择公司,这都不是好现象。"老东看着小芸,微微笑道,"当然,世间文字千万个,唯有情字最伤人,爱人还是只选一个的好。"

小芸莞尔一笑,说道:"之前我曾看过芒格爷爷的一句话,现在算是了解其含义了。"

"哪句话?"老东问道。

"我们几乎将全部企业归入'太难'那一堆,只筛选了几个简单的来做[①]。"

---

① 出自伯克希尔-哈撒韦公司年会,2007年。

第 9 章　买卖决策

决策管理，我们要解决的是三个核心问题：

一是什么时候该买？

二是买多少？

三是什么时候卖？

什么时候该买

寻找问题一的答案需要依赖"公司价值计算"。这一点我们已经在"理念篇"的"公司价值"章节讨论过，即式4-11。这个公式是如此重要，请允许我们重写如下：

$$公司价值 = 预期可赚的自由现金流 \div r_0 \times C \quad （式9-1）$$

式9-1中的变量包括FCF_0，预期增长率g_0，折扣率C，无风险利率r_0。长期而言r_0可以用十年期国债利率3%代替，那么变量就剩下前面三者。其中，由于经过护城河筛选的公司是稳定持续赚真钱的，FCF_0可以用本期净利润代替。折扣率C则基于对该公司商业模式理解确定，接下来就剩下个增长率g_0了。

关于g_0的判断方式，老东的经验也是归纳和演绎两个方法论。

首先是演绎方面,公司的成长包括以下三种可能:

一是得益于潜在需求持续扩大。

二是"割"客户,得益于价格提升。(需评估消费可替代性)

三是"割"对手,得益于市场份额提升。(需评估对手反击力度)

其中,方式一的增长最值得推荐。

比如安防巨头海康威视。作为全球收入最高的安防公司,公司的营业收入有80%以上[1]来自视频产品、专业的行业解决方案与内容服务。安防行业由此前的"看得到"需求升级为如今的"看得清"需求,而目前需求正朝"看得懂"[2]发展。政府和人民对智能监控的需求空间巨大,潜在需求不断扩大,属于第一类增长。

方式二"割"客户的公司,要结合行业实际情况进行分析。

成功的案例是涪陵榨菜。这家中国最知名的榨菜公司,过去10多年年均提价幅度约为10%,近几年的提价思路是减小包装,但价格相对而言不降低得那么快。在健康饮食(低盐)和单身贵族(小份)的时代背景下,这一策略取得了巨大成功。但这类增长方式需要评估消费的可替代性。如果消费者对提价敏感或有可替代品,企业仍不顾一切提价,会出现:(1)应收账款增加,经销商不愿意用现钱结算了;(2)存货周转率下降,存货越堆越多,经销商不愿意拿货了。典型的失败案例是2017年以前的东阿阿胶,有兴趣的读者可自行翻阅其年报。

方式三"割"对手的公司,要结合竞争对手的反击程度进行分析。

---

[1] 2021年报数据。

[2] 指通过AI和大数据等技术,使安防解决方案实现智能化。

电商行业发生的事情就很经典。拼多多自2017年迅速崛起，截至2021年，GMV（商品交易总额）市场份额[①]大增（5年翻倍，GMV破万亿元）。与此同时，主打3C起家并坚持走自营路线的京东，GMV市场份额保持稳步上升未受影响，阿里巴巴的中国商业GMV的市场份额则减少了10%。于是我们很容易得出结论：阿里巴巴即将溃不成军，拼多多将取代阿里系。但实际上，阿里GMV的市场份额虽然下降，但下降的速度正稳步收窄（2018年降低6%，2019年降低5%，2020年降低不到1%）。究其原因，是电商虽然在营销侧很重要，但在运营侧也很重要。而运营管理涉及庞大的供应链体系和商家管理，非一朝一夕之功。此外，阿里也通过淘菜菜和淘特等下沉市场电商的方式，开始对拼多多进行反击。因此，对于拼多多的投资者而言，则需要仔细衡量和评估对手的反击程度。

当然，公司增长的逻辑并不是非此即彼的。比如上文的海康威视，在整体市场也受到大华股份的挑战，在区域上也受到如云天励飞的挑战。又比如拼多多，也受益于实物网上零售总额和社会零售总额的增长（二者皆约每年10%~20%增长），但由于原有行业巨头阿里巴巴初期时占领了绝大部分的市场份额，因此更像是切割对手市场份额的增长方式。

其次是归纳方面，需要观察公司是否满足：营业收入、净利润、经营性现金流净额是否同步增长。一家稳定持续赚真钱的公司，可

---

① 指公司当年GMV/当年实物网上零售总额。

能短期（如1~2年）会因为税金、销售数据提前或者滞后等，营业收入、净利润、经营性现金流净额出现错配，但长期应该是同步增长的。另外，有一些追求增长的投资者，会倾向于加上增长性的归纳要求，如过去5年复合增速不低于10%。

无论何者，我们都要充分思考，在g_0的设定中妥善使用演绎和归纳法。当我们确定好g_0后，便可知"预期可赚的自由现金流"。此时，我们用"公司价值"对照股票市场中的"市场价值"便可得出预期收益率了，我们称其为"赔率"。

关于该赔率，我们也可换个角度理解。假设我们今天以市场先生的报价（公司市值）下注，经过三年时间开奖。如果公司发展如预期，下注金额就可以预期换回"公司价值"的回报。预期收益率等于公司价值÷市场价值减去1，即赔率：

$$赔率 = 公司价值 ÷ 市场价值 - 1 \qquad (式9-2)$$

有了赔率，就有了决策的锚。

当我们发现市场先生对一家公司的报价显著低于其价值时买进，显著高于其价值时卖出，关键是"显著高于/低于"。至于其他时间，忙碌者如我们，自有更加有价值的工作、更有意义的生活、更值得我们爱的人去投入。

"不好意思，市场先生，这段时间我们闭门谢客。"老东笑道。

溯因推理

前文讨论到，如果公司发展如预期，我们就可以根据未来情况确定此时买入的赔率，并以此进行决策。注意到了吗？这里还有一个假设：公司发展如预期。

所谓"如预期"，是指我们对公司护城河的逻辑判断无误，又对其可赚的自由现金流预期无误，最终三年后公司抵达了我们预期的状态。遗憾的是，人生不如意事十之八九，当盒子打开时，薛定谔的猫未必是活猫——尽管我们已经借助了非常多的思维模型和约束条件（如能力圈、护城河十问等），但仍无法100%达到预期。

这种如预期达到三年后的可能性，称为"胜率"。

同样是赔率等于100%（收益率100%）的公司，A公司因胜率不高，不能对其下注太多。B公司因为胜率很高，我们可以下注较多。甚至有些公司（比如初创公司）赔率远超收益率100%，但因胜率极低，根本不能下注。我们需要一种思维模型，指导我们究竟下注多少。

因此，为了回答买多少这个问题。我们还需要回答两个子问题：

第一，胜率该如何得出？

第二，有了胜率和赔率，如何得出买多少？

首先是计算胜率。

胜率多少，本质上是在问我们公司到达未来那个状态的可能性是多少。在前文已经提到，展望未来，我们通常使用的是归纳法或演绎法。前者通过总结过去指引未来，后者通过原理来指引未来。实际上，还有一种常用于法学界或历史学界的方法：溯因推理。

唐高祖武德九年六月初四，晴。

第 9 章 买卖决策

唐高祖李渊次子，秦王李世民，在唐朝首都长安城太极宫的北宫门——玄武门附近发动了政变。李世民亲手射死了太子李建成，事后李渊立李世民为太子，两个月后禅让皇位，是为唐太宗，年号贞观，开启了23年的"贞观之治"。

当时的玄武门现场没有监控摄像头，不可辩驳的事实只有李建成确实死于当日、李渊确实在两个月后禅让，以及史料记载的涉事人员和围观人员的只言片语。对这些事实，可以有很多种解释。比如有历史学家认为，事变的地址并不在玄武门，而在临湖殿，因为那是李渊居住的地方，而事变的目标是控制李渊，而非击杀李建成。再比如，也有说法是李建成设伏，却被李世民反杀。

历史无法归纳，更无法通过多次试验进行演绎。那么历史学家是如何还原真相的呢？

历史学家们通常的做法是收集各类史料，并按史料指向的可能性进行聚类。哪类可能性收集到的证据更加多且更加充实，则认定该可能性是事实。当然，在通过证据来推理真相的过程中，遵循重质也重量的原则，比如证据越多越好，证据所需要的辅助解释越少越好，相同情境下类似的案例越多越好等。

还原犯罪现场，推测历史事实，溯因推理的逻辑都是通过证据去指引可能性。

人们将这种方法称为"溯因推理"，最早由美国哲学家查尔斯·皮尔士在20世纪初提出。尽管溯因推理不是一种严格的思考方式，却被认为与"演绎法"和"归纳法"并列，是第三种基本的论证方法。但其思考的方式过于不严格,正是溯因推理的最大问题。

在前文我们提到,演绎法的最大问题是基础假设可能是错的,归纳法的最大问题是遭遇陡变事件,而无论是基础假设错误还是陡变事件,都源于自己认知的不全面。恰巧,溯因推理"不讲武德",从不和你讲什么认知,其驱动逻辑依赖于证据数量和质量,正好可以帮我们弥补缺失的认知。

落到投资上,溯因推理的使用方式有很多种,其中最简单的是看哪位投资大师真金白银地买入了某家公司,买入的比例越高,证据的质量越高。投资大师的数量越多,证据的数量越多。其他的,如公司的发展规划给出的展望,股权激励计划给出的展望等,是辅助证据。这种方法在投资界还有个浅显易懂的名字:抄作业。

曾几何时,老东对抄作业行为非常不齿。自己不思考,将他人的思考成果拿来就抄,这显然是不可持久的。别人研究得很深,买股票是买公司;而抄作业者研究得很浅,买股票类似于买筹码。在股价波动时,后者极可能惊慌失措之下卖出股票。

当对溯因推理逐渐了解后,老东才逐渐想明白,原来上面一段内心独白最大的问题在于其前置条件:自己不思考。溯因推理因为思考方式不严格,所以只使用这种方法显然是会犯大错的。同样地,演绎法和归纳法也有各自存在的问题,单独使用其中一种,都会有问题。就如那句老话说的:"拿着锤子,看哪儿都是钉子。"

为了解决"钉子问题",芒格老先生的建议是采用多元思维模型,即采用多种思维模型来思考同一个问题。如果思考后的结论趋向一致,则其可能性会大为提升。与此相似,在判断公司未来这件事儿上,同时使用三种方法来判断公司的胜率,是有利于提升准确率的。

此时就引出一个新问题:如何使用三种方法判断"公司三年后如预期"的可能性?

这个答案就仁者见仁、智者见智了。

老东的经验是,采用40%:30%:30%对三种方法(归纳法、演绎法、溯因推理法)判断出的可能性(胜率)进行加权。

究其根本,是老东对归纳法有比较深的信仰。这个信仰的构成,一是投资领域,巴菲特等大神们都特别重视公司历史的表现,研究公司时会回溯十年甚至更长时间的业绩数据;二是在更广的其他领域,许多案例都表明历史是未来最好的指引。

多元决策模型

接下来就是各自按照三种方法判断胜率的过程了。

第一步:使用归纳法。让我们当一个呆板的统计学家,统计出公司过去营业收入、净利润、经营性现金流,然后"拍脑袋"得出其未来三年净利润复合增长率,并基于统计数据得出该增长率实现的可能性(0~100%)。

第二步:使用演绎法。让我们忘掉前面的统计学结果,仅基于成长性演绎三问与朴素的能力圈内认知,"拍脑袋"得出该增长率实现的可能性(0~100%)。

第三步：使用溯因推理法。寻找耳熟能详的投资大师，看他们是否拿真金白银买入该公司，同时看看公司的发展规划、股权激励计划等其他证据。视乎证据的数量与质量，"拍脑袋"得出这些证据支撑该增长率实现的可能性（0~100%）。

当然，我们还需要一个前置步骤：找到"未来三年净利润复合增长率"的锚。

考虑到锚定效应的存在，新投资者在"拍"出这个数值时可能如履薄冰。这里老东提供一种初期便捷的方法：打开股票分析软件，找到"盈利预测"模块，大部分会有多家券商对某个公司预测的结果。新投资者大可把均值作为锚，拿来就用，趁手得很。

这三次"拍脑袋"是决策管理中重要的三步，也是最依赖认知的三步。要提升每个方法对胜率评估的准确性，并无捷径可循，唯有坚守"理念篇"提到的"在能力圈内投资"思维，持续强化对行业和公司的认识。

三种方法，单独使用，都有缺陷。比如归纳法，如果仅使用该方法，在投资界会被嘲笑为"画线"，即投资者仅是通过过去的数据简单概括，然后线性外推指导投资，被认为是投资的初级阶段；又比如演绎法，在投资界被嘲笑为"书呆子"，像个不食人间烟火的象牙塔里的教授，只是懂得商业演绎，不考虑实际情况；还比如溯因推理，更被嘲笑为"抄作业"，认为这是菜鸟投资者才会做的。但正是"画线""书呆子""抄作业"这三种简单的行为，组合出了令人惊喜的方法。在工作中也是如此。团队中的每个人可能都不那么厉害，但只要安排得当,也可以打出惊天地泣鬼神的配合!

买多少

我们已找到了可开仓的公司,它满足市值显著低于价值(按经验,老东常会选择赔率等于100%,即投入1元钱,收回2元钱),同时得出了其在保持护城河不变(甚至更加深)的基础上,能达成预期的自由现金流的胜率。

有了胜率和赔率,我们便能将投资决策转换为对未来的下注。

现在的问题是:已知胜率和赔率,下注多少合适呢?

1955年,还在鼎鼎大名的美国贝尔实验室工作的凯利看到了一档名为"64000美元的问题"的节目,这是一档电视答题获奖节目。不过,凯利关注的倒不是节目本身的趣味性,而是由于节目的火爆,有人开设了赌局,赌的是哪个选手能够最终获胜。

节目在纽约录制,在美国东海岸的人可以看到实时直播,而西海岸的播出要延后3小时。因此,不少西海岸的赌徒会通过电话提前获取节目信息,以此提高胜率。

当然,虽然有3小时时差,但随着时间的推移,盘口(赔率)会不断变化,短时间内赌徒通过电话得知的信息是有限的,因此胜率(当然是他们自己"拍脑袋"得出)自然不是百分之百。于是他们遇到了与我们此时同样的问题:已知胜率和赔率,下注多少合适?

一把"梭哈"吗?全输了就血本无归了。买太少,又担心错过好机会。

给忙碌者的价值投资

借用高中数学的知识，凯利推算出下注仓位的最优解。

$$最佳仓位 = \frac{赢面}{赔率} = \frac{胜率 \times 赔率 - (1-胜率) \times 1}{赔率} \quad （式9-3）$$

其中，赢面指盈利的预期，因此等于"胜率×赔率"减去"输率×本金"。

除了公式本身外，凯利公式有四个细节需要我们注意。

第一，大量重复实验。凯利公式是基于大量相同的重复实验推导而出，背后蕴含的假设是足够多次的下注。因此，从长期而言，凯利公式是可以帮我们实现下注的最优化的，用它指导短期的下注结果却不尽然。

第二，正和游戏。凯利公式的分母是赢面，因此赢面小于0的事情，显然是不适合下注的。何谓赢面小于0呢？即在游戏的规则设计中，参与者参与的不是正和游戏，而是零和博弈或负和博弈。幸运的是，价值投资博弈中的要素并非封闭，而是有来自外部的源源不断增长的公司价值注入其中，使其成为一场正和游戏。因此，所有参与者都可分享游戏规则设计带来的好处，尽管表现在股价上不是线性增长的。

第三，宁缺毋滥。凯利公式的单次博弈平均回报率函数[①]（仓位比

[①] 该函数为 $(1+赔率 \times 仓位比例)^{胜率} \times (1-仓位比例)^{(1-胜率)}$，含义是单次博弈时，我们既可能以"胜率"为可能性将本金变成"1+赔率×仓位比例"，也可能以"1-胜率"为可能性将本金变为"1-仓位比例"。按前文假设赔率为1，则函数转换为 $(1+仓位比例)^{胜率} \times (1-仓位)^{(1-胜率)}$。若回报率等于1，则表示没有任何回报；若回报率小于1，则表示亏钱；若回报率大于1，则表示赚钱

例为X轴，每次博弈的回报率为Y轴），是一个对胜率比对赔率更加敏感的函数。这意味着我们的明智决策是：选择胜率高而非赔率高、每次买少而不是买多。单次博弈平均回报率函数是凯利公式单次博弈的结果。对推导过程感兴趣的读者，可以查阅相关资料[①]。

第四，绝不单吊[②]。最后也是最重要的，当胜率为100%时，输率为0，最佳仓位为100%。但在实际中不可能有100%胜率的东西，因此永远不应该只买一只股票。

其中，第三点还值得展开说说。

为了方便讨论，我们引入一个赔率为100%，胜率分别为50%、70%、80%、90%的案例集。它们单次博弈平均回报率函数如图9-1、9-2、9-3、9-4所示。请注意，前二者的Y轴（单次博弈回报率）的上限为1.1，后二者分别为1.25和1.50。而Y轴下限方面，胜率为50%的案例是0，其他则为100%。胜率为50%的案例选择下限0而非100%是无奈之举，因其函数并未有在100%以上的。

请允许我重申，以下4个案例都是建立在赔率等于100%基础上的。赔率等于100%，意味着投入1元钱，有望收回2元钱，这是本书所设的开仓标准。

首先，我们单独看赔率是100%、胜率是50%的例子。

该案例中，单次博弈平均回报率函数是一条起始于0（仓位=0，

---

① 推荐李永乐老师的推导过程，读者可以在"B站"搜索"李永乐老师""凯利公式"等关键词。

② 股市中用于描述全仓买入一只股票的简称。

回报率=1，意思是不买任何仓位，则不赚不亏）并一路下降的平抛曲线。这意味着该投资自始至终，无论仓位如何配置，都无法取得正收益（回报率小于1）。这个道理是，在赔率小于等于100%的前提下，对于输赢对半甚至胜率低于50%的投资机会，我们都应选择放弃。

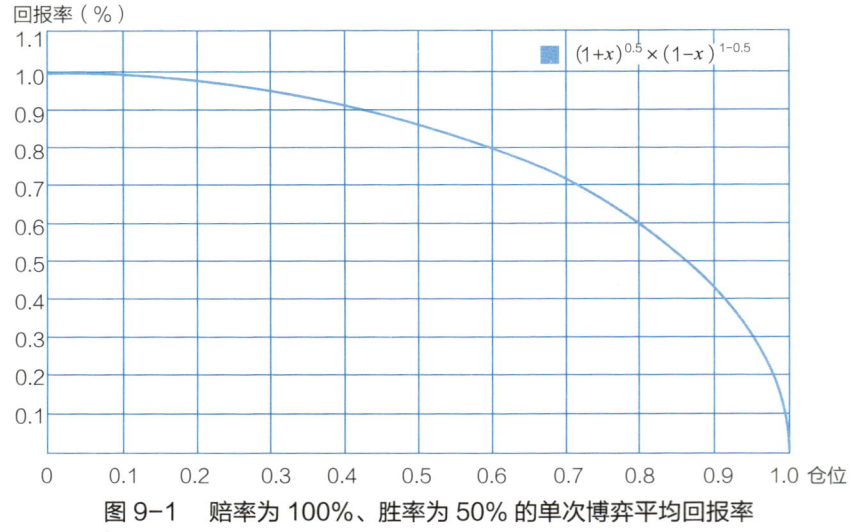

图 9-1　赔率为 100%、胜率为 50% 的单次博弈平均回报率

假设在实际操作中我们赋予溯因推理30%的权重，若未发现该公司的股权有哪位投资大师真金白银地买入及其他证据，则该项的胜率为0。考虑到归纳法和演绎法所占权重是70%，因此该两项的综合胜率至少得是70%[①]，才意味着公司可以满足开仓要求。

当然，胜率中三种方法的权重设置因人而异，也因每个人对投资的认识阶段而异。但对于新投资者，老东建议要给予溯因推理足够的

---

① 实际为71.42%，即50%÷70%×100%≈71.43%

权重。无知从来都不是生存的障碍，傲慢才是。

其次，我们再来看看赔率是100%、胜率是70%的例子。

如图9-2所示，它是一条明显上抛的曲线。在仓位等于40%左右达到顶峰，随后一路衰减，在70%时低于100%。尽管和50%的胜率一样有输有赢，但因为不是全仓，虽然在输掉的可能性中会亏掉下注的仓位，但胜率为70%让赢的概率更高，能让单次博弈平均回报率表现出大于1的状态。

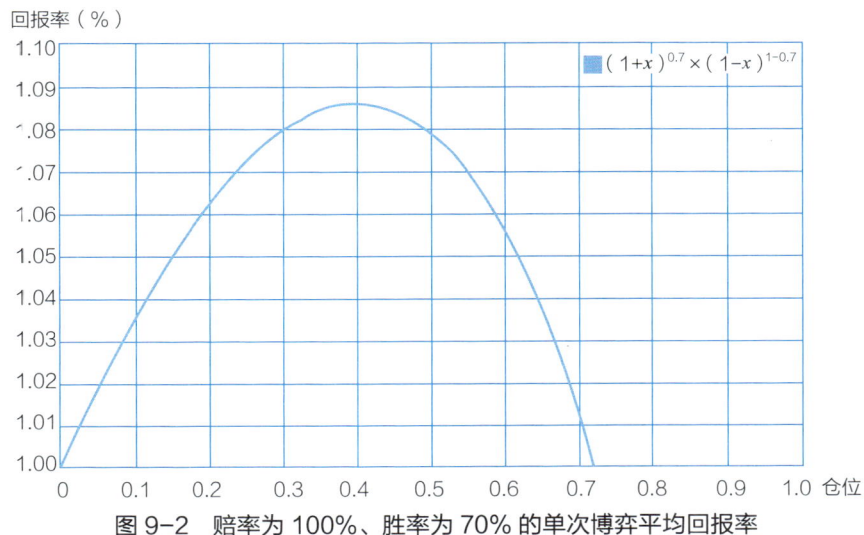

图9-2 赔率为100%、胜率为70%的单次博弈平均回报率

赔率是100%、胜率是80%和90%的案例，则效果更胜一筹，如图9-3和9-4所示。在图中，胜率是80%的案例极值的单次博弈平均回报率可以达到120%以上（投入1元，拿回1.2元），胜率为90%的案例的回报率则达到了惊人的接近145%（投入1元，拿回1.45元）。

给忙碌者的价值投资

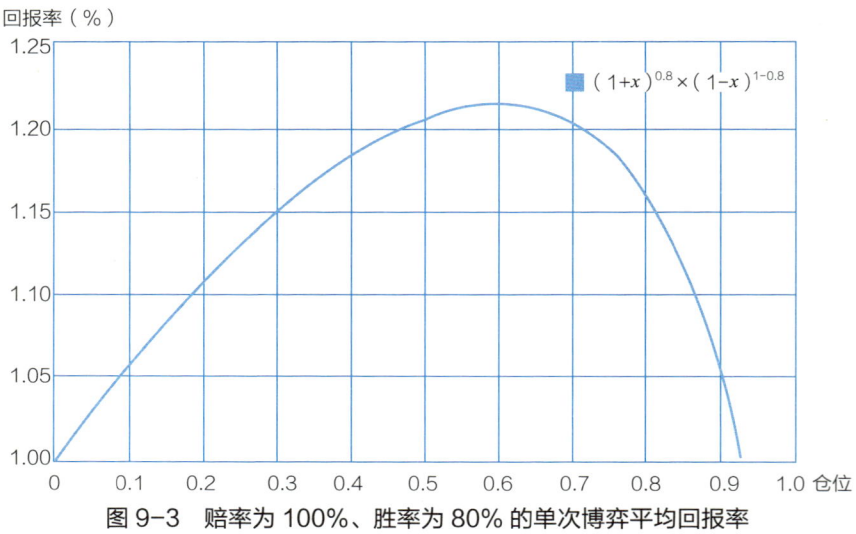

图 9-3 赔率为 100%、胜率为 80% 的单次博弈平均回报率

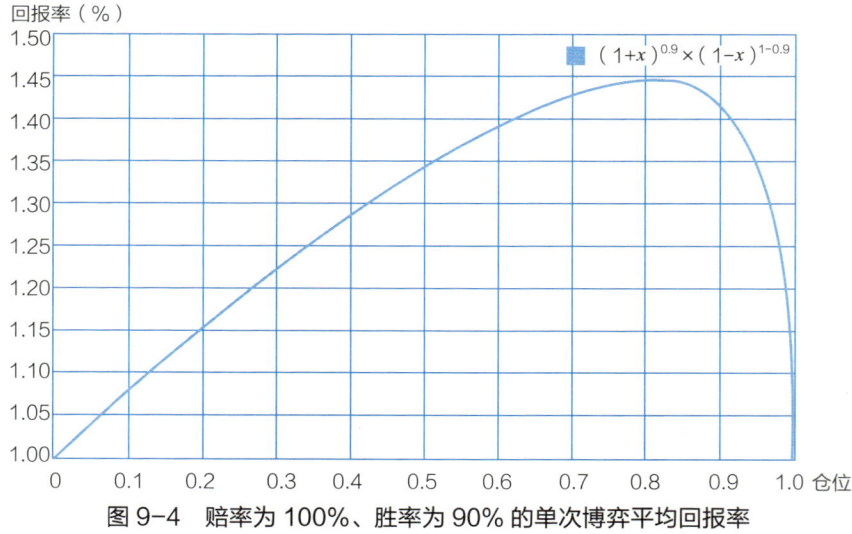

图 9-4 赔率为 100%、胜率为 90% 的单次博弈平均回报率

第 9 章 买卖决策

实际上，单次博弈平均回报率是一条对胜率更为敏感[①]的函数。因此，耐心等待高胜率机会的出现，远胜于四处寻找高赔率的投资。对于此事，芒格老先生的表达是"日复一日地与耐心决一死战"，老东常将其作为座右铭。

买入决策辨析

为方便理解，我们引入一家养鸡场进行买入分析的简单示例。

假设经过成长性的演绎和归纳，我们认为如今能赚20元自由现金流的养鸡场，在未来3年的成长率为15%，则在后年末时其自由现金流达到30.42元。

表 9-1　自由现金流展望示例

单位：元

	去年末	今年末	明年末	后年末
净利润	20	23	26.45	30.42

建立在护城河演绎和归纳的基础上，我们近似地认为养鸡场可以等效成一张无风险利率的债券，结合式4-11，不打折（折扣率为100%），假设当前无风险利率（十年期国债）为3%，则养鸡场在3年后的估值为30.42÷3%，约为1000元。

如果当前市场对养鸡场的报价（市值，等于股票价格×股份数）为500元，则买入养鸡场的赔率等于1，满足买入要求。

接下来是分析胜率。

[①] 在其数学表达式中，胜率位于幂指数的位置，而赔率位于底数的位置。

从归纳法角度来看,养鸡场过去5年营业收入、净利润、经营性现金流表现出同步增长,复合增速约为15%。归纳法推算出来的胜率很高,我们给予80%。从演绎法角度,得益于潜在需求的持续扩大,养鸡场在当地没有可替代性,也没有竞争对手,也有很高的胜率,予以90%。遗憾的是,由于没有投资大师买入该公司及其他证据,溯因推理的胜率予以0。通过4:3:3的加权,养鸡场的综合胜率为80%×40%+90%×30%+0×30%=59%。

为了充分发挥体系化思维,提升连贯性动作的效率,我们可以制作表9-2。如此使得我们在填写每种方法的胜率结论时,避免受到其他方法的干扰。

表9-2 胜率推演示例

	归纳法(40%权重)	演绎法(30%权重)	溯因推理(30%权重)	综合胜率
胜率	80%	90%	0	59%
打分标准	1.营业收入、净利润、经营性现金流是否表现出同步增长? 2.过去5年复合增速。	1.成长是得益于潜在需求持续扩大吗? 2.成长是得益于"割"客户,即得益于价格提升吗? 3.成长是得益于"割"对手,即得益于市场份额提升吗?	是否有投资大师真金白银地买入了该公司及其他证据?	

最后,根据式9-3,最佳仓位=(59%×1-41%×1)÷1=18%。剩下的就是买入了。

值得一提的是,买入过程中还有五点需要注意。

第一,上述过程是建立在通过了组合管理、行业选择、公司分析的基础上的。

第二，上述过程是建立在三年后企业护城河不变或者加深的基础上的。

第三，若出现总可开仓仓位小于所有公司最佳仓位之和时，可以考虑按最佳仓位的比例划分总可开仓仓位，以此分配各公司的买入仓位。

第四，若出现总可开仓仓位大于所有公司最佳仓位之和时，可以考虑将仓位多余部分配置ETF[①]，作为现金等价物，等待更好的时机。

第五，凯利公式的结论是建立在多次重复试验的基础上的，因此即使计算出来的最佳仓位大于25%，也不建议新投资者配置25%以上仓位在某个公司。宁可牺牲收益率，也要避免不可预见事件出现时带来的毁灭性打击。

第一点无须赘述，"操作篇"的核心思路是连贯性动作，后面动作连着前面动作。

第二点是赔率有效的先决条件。赔率的逻辑是依赖公司市值与公司价值的比较，若公司牺牲护城河来换取成长性，则护城河保护公司"等效成一张债券"一事将无从谈起。

第三到第五点的解决思路，是宁可少赚也不要犯错。

为什么这么说呢？

随着"理念篇"中"破圈的诀窍"的应用，我们的能力圈会渐渐地越来越大，在同期内满足开仓的公司会变多。然而，通过组合管理、行业选择、公司分析后，实际可以开仓的总仓位总是有限的。因此，可能

---

① "交易所交易基金"的英文缩写，本文特指指数型ETF。该类基金通常采用被动跟踪而非主动管理的思路，跟踪某类按照特定规则制定的指数。

出现满足开仓的最佳仓位之和较大，大于可开仓的总仓位的情况。

例如，我们采用了表6-2的策略进行组合管理。此时市场处于历史估值的60%，根据组合管理的策略，我们组合中仅能配置30%的股票。但通过行业选择、公司分析，我们发现一共有两家公司可以开仓，最佳仓位依次为20%和40%。这时，可以将30%的仓位六等分，两家公司依次买入10%和20%。

因为配置的不是最佳仓位，所以对于其中某家公司，单次博弈平均回报率是会下降的。但同时，因为配置了多家公司，也分散了我们的风险。

那么单次博弈平均回报率下降的情况如何呢？

在买入40%时，单次博弈平均回报率是108%多些（投入100元，预期拿回108元），而根据这个策略，买入仓位变为20%，单次博弈平均回报率下降为106%多些。详见图9-5所示。

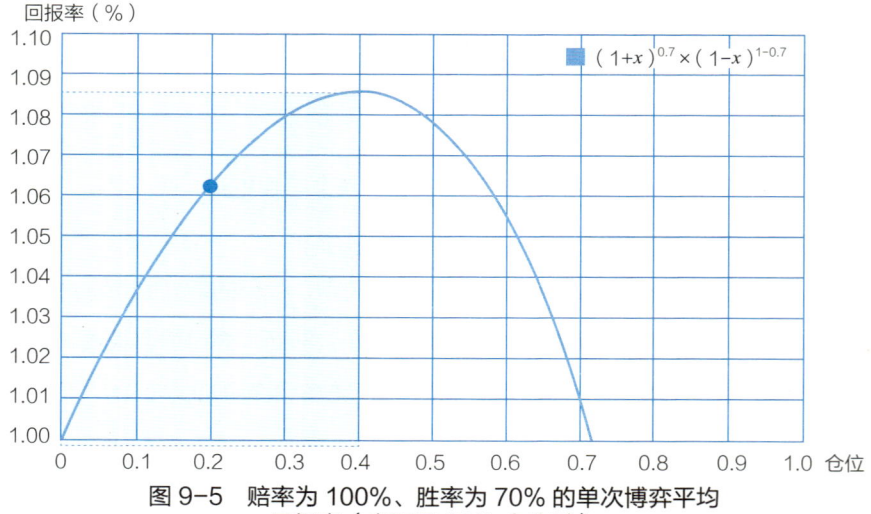

图9-5　赔率为100%、胜率为70%的单次博弈平均回报率（当配置20%仓位时）

与之相对，若根据组合管理，我们可以配置100%的股票，但通过行业选择、公司分析后，仍只有这两个公司可以开仓。此时我们就会有冗余的40%的仓位。这时，若对已经达到最佳仓位的公司买入更多的仓位，只会带来适得其反的效果。

从图9-2、9-3、9-4可以看出，满足赔率等于100%和胜率大于50%的公司，其单次博弈平均回报率是一条先高后低的斜向上抛物线。当买入少于最佳仓位的情况，单次博弈平均回报率在100%（没收益）和最大值之间，无论如何不会亏钱（从数学预期的角度）。反之，当买入大于最佳仓位时，则视胜率情况，稍有不慎就会亏钱。

这时，我们可以将多余的资金配置ETF基金。集中了市场上优秀公司的宽基指数基金[①]是不错的选择。就老东而言，常会选择的指数包括以下6个。

（1）上证50ETF：成分股为上海市场最具代表性的50个公司的股票。

（2）沪深300：成分股为沪深两个市场代表性好、交易活跃的主流股票。

（3）恒生指数ETF：成分股为香港市场最重要的若干个公司的股票。

（4）恒生国企指数ETF：成分股为在香港上市的重要中国公司的股票。

（5）纳斯达克指数ETF：成分股为美国上市的优秀科技公司。

---

① 可以简单地理解为覆盖多个行业的基金。

（6）标准普尔指数ETF：成分股是美国上市的优秀公司。

选择将多余的资金配置ETF，本质上是在没有合适开仓的情况下，将ETF视为现金等价物，持币观望。考虑到大多数时候我们投资的公司要么在沪深市场，要么在香港市场，因此选择第（5）、第（6）项还有个分散风险的好处，它们也是老东的高频选项。

至此，决策管理中的什么时候该买、买多少这两个问题，我们已回答完毕。

剩下的问题是：什么时候该卖呢？

什么时候该卖

在本章开篇时曾谈到，大多数时候，我们更合适的做法是将时间投入值得忙碌的事情，对市场先生的报价闭门谢客即可。但若出现"显著高于/低于"公司价值的情况，则考虑卖出和买进。因此，什么时候卖，思考的逻辑也是赔率。

第一种情况：出现显著高估。

比如我们可以设置"市场报价/公司价值≥2"作为卖点，即当前市场先生对公司的报价一路上涨，已经两倍于公司价值（基于式4-11计算），则卖出。

第二种情况：此前的分析出现了重大错误。

在这种情况下，公司可赚的自由现金流预期错误，使公司价值也出现巨大偏差。重新分析后，公司价值已显著高于市场报价（如仍是：市场报价/公司价值≥2），也卖出。

第三种情况：公司的基本面恶化。

某些风险因素不断放大，在该情况下，预期可赚的自由现金流会相应减少。重新分析后，公司价值已显著高于市场报价（如仍是：市场报价/公司价值≥2），也卖出。

实际上，上述三种情况都可概括为"市场报价/公司价值≥2"，只不过前者是由市场先生的不理性导致，后二者则是由自己的不理性所致。

除此之外，还有一类投资者常用的卖出条件：调仓。即发现更为低估的公司。

以老东的浅见，若未出现上述三类情况，为了买入更低估的公司而卖出，要慎重。

其一，这类公司往往是近期才进入自己能力圈的，自己往往只看到了其美好的一面，对其"可能死在哪儿"认识不足，实际上该公司能否通过护城河的筛选，犹未可知。其二，由于跟踪时间较短，对公司预期可赚的自由现金流容易过度乐观，从而提升了公司价值。实际上，公司价值远没有预期的那么高。

但另一方面，我们也需要警惕心理学上的禀赋效应，即"当个人一旦拥有某项物品，那么对该物品价值的评价要比未拥有之前大大提高"。二级市场中，对该效应还有个接地气的说法：爱上自己持有的股票。

考虑到三至五年是一个价值回归的可预期周期，若我们持有一家公司的股票，并对其有清晰预期，但三至五年公司的股价仍未如预期上涨，则需要慎之又慎地重新考量当初对公司价值的判断是否有误，当前的分析是否有问题。

因此，虽然纯粹是经验主义，老东常会为自己加上"三至五年不涨，则将自己的分析置于极可能错的位置重新审视，若没有非常多的论据支撑，则卖出"这一枷锁，以此对抗我们几万年进化而来的"禀赋效应"。

除了上述条件外，作为忙碌的投资者，我们大多数时间并不需要卖出。实际上，最舒适的方式，是市场先生总在两倍和半价于公司价值之间报价，而随着时间推移，公司的护城河和成长性并未出现大的变化，预期可赚的自由现金流总会对应增加。若果真如此，我们只需稳坐钓鱼台即可。

最后也是最重要的，稳坐钓鱼台并不意味着对行业和公司的情况不闻不问了。相反地，稳坐钓鱼台是建立在市场先生报价未过高、护城河和成长性未变化这两个要求上的。因此，对行业和公司的跟踪尤为重要。

"当然要不断跟踪和学习呀！"小芸忽然打断了老东的分析。

"咱们在前面讨论过了。忙碌者对行业和公司认识得越深刻，投资获得潜在回报的确定性就更高。而为了更具确定性的潜在回报，忙碌者对行业和公司持续跟踪和学习，反过来也会帮助自己的工作和生活。"小芸心领神会道，"对吧，东老师。"

老东笑了笑，对她竖起了拇指。

第 10 章　体系篇总结

2003年，英国自行车运动协会的命运发生了重大变化。

这一年，他们聘请了戴夫·布雷斯福德担任其新的绩效总监。在后者被任命前，英国职业自行车手已经碌碌无为近百年。自1908年之后，英国车手在奥运会上仅获得过一枚金牌。

布雷斯福德被聘请来使英国自行车运动步入新的发展阶段。与以往教练不同的是，他一丝不苟地执行自己制定的体系，其基本理念就是在所做的每一件事上寻求极细微的进步。用他的原话说："从根本上来看，我们遵循着这样一条原则，就是把有关骑自行车的整个环节都分解开来，然后把每个分解出来的部分改进1%。在你把各个部分的改进都汇集之后，你会发现整体上的显著提高。"

遵循着体系的理念，他们重新设计了自行车座，使其更加舒适，并用酒精擦涂车胎，以获得更好的抓地力。他们要求骑车者穿着电热套鞋，以便在骑行期间让肌肉维持理想的温度，并决定让户外车手换上室内赛车服——被证明更轻便，空气阻力更小。甚至于，布雷斯福德及其团队测试了不同类型的按摩凝胶，看看哪一种能帮助肌肉更快地恢复。他们聘用了外科医生，教给每个骑手最佳的洗手方式，以降低患感冒的概率，如此种种。

随着这些及其他数百个小改进的积累，收效之快出乎所有人的意料。

布雷斯福德接手仅仅5年后，在2008年北京奥运会的公路和赛道自行车项目上，英国自行车队出尽了风头，并夺取了该项目60%的金牌。当奥运会4年后转战伦敦时，英国人的惊人成绩再上一层楼，打破了9项奥运会纪录和7项世界纪录。

布雷斯福德的执教理念，正是本篇最想传递的核心观点：利用体系的力量来巩固自己的好习惯，去掉自己的坏习惯。剩下的，只是在这个观点的基础上添砖加瓦，给体系搭建提供一些思路罢了。诚如"理念篇"结尾所述，投资更像社会科学而非自然科学，自洽胜于对错。因此，各位不必生搬硬套，运用之妙，存乎一心，如此足矣。

让我们回到本书的框架来。

步骤一：找到股权能等效成债券的优秀公司。

步骤二：将所欲实现目标转换为"连贯性动作"。

衍生效果：每个步骤中尽可能地带有"飞轮效应"。

思维模型：在能力圈内投资、认识市场先生、公司价值计算。

在该框架中，"理念篇"已讨论了"步骤一"，同时考虑了"衍生效果"和"思维模型"。"体系篇"也已讨论了"步骤二"，同时考虑了"衍生效果"和"思维模型"。

让我们来回顾一下是如何发生的。

借助体系化思维，我们把投资拆分成组合管理、行业选择、公司分析、买卖决策四个模块。每个模块依次回答了如下问题。

（1）组合管理：该买多大比例仓位的股票？

（2）行业选择：买哪些行业？每个行业最多分配多少仓位？

（3）公司分析：如何挑选出具备护城河的公司？

（4）买卖决策：什么时候该买？买多少仓位？什么时候该卖？

从动作的循环来看，四个模块是按照图10-1连贯起来的。

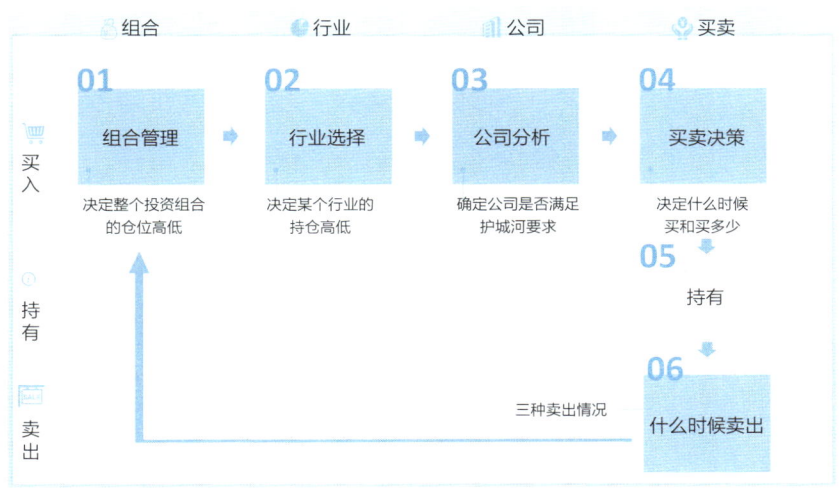

图 10-1　本书所述投资体系涉及模块

从细节来看，每个模块又有其独特的分析思路。

在组合管理中，主要思路是"等效"。在总钱袋子中，我们考虑的是投资和消费的钱是等效的，以此确定可以用于投资的钱。在投资的钱中，我们考虑的是"十年期国债"与"加权指数"是等效的，哪个更值，便买哪个。

组合管理的思路可以用图10-2描述。

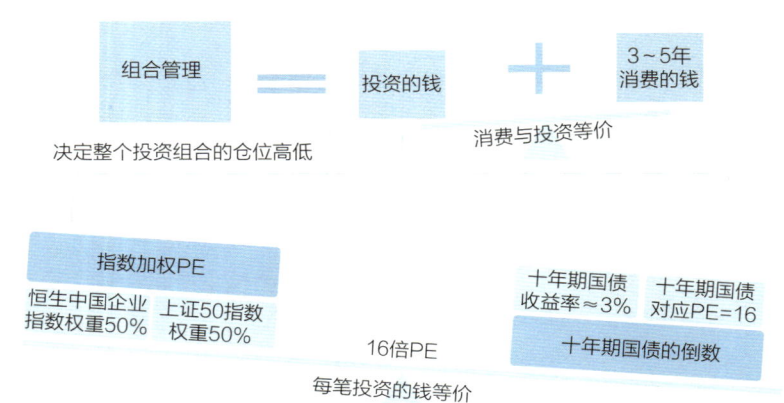

图 10-2 组合管理的逻辑

确定了用多少钱买股票后,我们接下来考虑的是买哪些行业及其配置上限的问题。在"行业选择"一章中,我们的思路是在能力圈内数月亮,并辅以选择具有护城河的行业。如此,我们大致能得出可以买的行业及其配置上限。行业分析的思路可以用图10-3描述。

图 10-3 行业选择的逻辑

在确定行业后,等待我们的是选择公司的问题。

"理念篇"的核心是找到可以等效成债券的股权。而等效成债券的公司股权必备的特点是具有足够深的护城河,如此,我们才可确定其能稳定持续赚真钱，才有了后面的公司价值计算的事情。因此，我们提出了护城河的演绎六问和归纳四问，以确保公司的股权满足这种特点。这十个问题非常关键。

脑力活儿　护城河：演绎六问

①公司是干什么的？
②为什么客户非得选择它不可？
③为什么竞争对手（含巨头）抢不了它的生意？
④管理层是否靠谱？
⑤公司有什么独特的文化？
⑥公司可能以什么原因丧失护城河？

苦力活儿　护城河：归纳四问

①ROE≥15%，少数ROE不远大于归母ROE。
②资产负债率<50%，有息负债占比低。
③经营现金流/净利润>1。
④净利润率≥15%。

图 10-4　公司分析的逻辑

经过这些问题筛选后的公司，才算是落入选股池。

但我们还需要解决两个问题：什么时候买？买多少仓位？

关于"什么时候买"，我们首先对公司成长性采用了演绎和归纳分析，得出预期可赚的自由现金流。接着，我们利用了"公司价值计算"这一思维模型，估出了公司价值，再打个折扣（比如五折），便可得到"什么时候买"的答案，并获得了赔率。至于其他时间，任市场先生如何嚷嚷，我们闭门谢客即可。

为了解决"买多少"的问题，我们还需要知道胜率，即公司发展如预期的可能性。为此，我们借助了演绎法、归纳法以及溯因推理，共同进行预估。最终，结合胜率和赔率，我们借助凯利公式，估算出最优配置仓位。

买入决策流程的思路可以用图10-5描述。

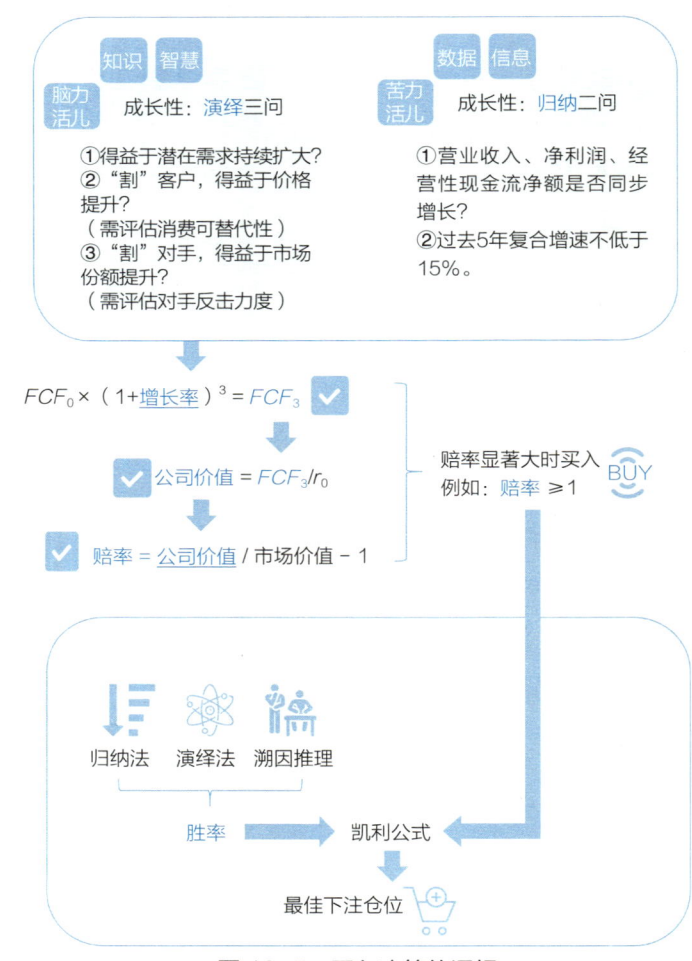

图 10-5 买入决策的逻辑

第 10 章 体系篇总结

卖出的决策流程相对简单,我们的决策依据仍是基于公司价值与市场价值的比较,具体涉及三种情况,如图10-6所示。

①市场先生报出疯狂的价格
②此前的分析出现重大错误
③公司的基本面恶化

赔率显著小时卖出
例如:市场价值 ≥ 2 × 公司价值

图 10-6 卖出决策的逻辑

至此,"体系篇"的全部内容已经结束。

让我们再回到本书框架。

步骤一:找到股权能等效成债券的优秀公司。

步骤二:将所欲实现目标转换为"连贯性动作"。

衍生效果:每个步骤中尽可能地带有"飞轮效应"。

思维模型:在能力圈内投资、认识市场先生、公司价值计算。

该框架的伊始目标,是找到撬动财富增长的"杠杆"。通过"理念篇"的讨论,我们得以将该目标转换为找到股权能等效成债券的优秀公司,并获得了在能力圈内投资、认识市场先生、公司价值计算三项思维模型。

"体系篇"中,为了通过连贯性动作找到股权能等效成债券的优秀公司以及进行买卖决策,我们引入了体系的概念,并将该连贯性动作分解为四个基础动作(模块):组合管理、行业选择、公司分析、买卖决策。在连贯性动作中,"找到股权能等效成债券的优秀公司"始终作为核心思想,指引着每个基础动作的设置。这一核心思想是这样发挥作用的:

（1）组合管理：该基础动作的思路是把优秀公司的潜在收益率和十年期国债进行比较。为什么二者能比较呢？其隐含假设是，公司的股权能等效成一张可靠的债券。

（2）行业选择：该基础动作的思路是通过在能力圈内数月亮找出行业。为什么这么做呢？因为这样挑出来的行业中，找到满足"能等效成债券的公司"的概率会很高。

（3）公司分析。为什么要设置困难重重的护城河十问？因为足够深的护城河能保证公司稳定持续赚真钱，从而确保其股权能等效成债券。

（4）买卖决策。其也建立在公司可以等效成一张稳定增长的债券的基础上。

此外，我们在"理念篇"得到的三个思维模型（在能力圈内投资、认识市场先生、公司价值计算），也在每个基础动作的设置中起到了举足轻重的作用。比如认识市场先生，对组合管理发挥了支撑作用；又比如在能力圈内投资，是行业选择的核心要素；还比如公司价值计算，在买卖决策中起到了至关重要的作用。

"优秀公司的股票，是披着股票外衣的债券，我记住了！"小芸明眸如水。

老东缓缓点头，慢慢地将茶几收起，站起身来，转身朝小芸说道："但纸上得来终觉浅，绝知此事要躬行——我们这就去实战吧！"

操作篇

第 11 章 组合管理

小芸已经工作5年有余,大致积累了130万元的金融资产。综合考虑后,她预留了30万元作为未来3~5年的消费备用金,剩下100万元用来投资。

在此基础上,小芸以表6-2作为自己的投资组合策略,并用表6-1所示的加权指数估值来评估市场估值情况。加权指数在20%分位时PE为8.63倍,在50%分位时为10.355倍,在80%分位时为15.62倍。按表6-2的策略,小芸的投资计划见表11-1。

表11-1 小芸的组合管理

加权指数估值(倍)	组合中股票比例(%)	组合中债券比例(%)
8.63	100	0
9.205	90	10
9.78	70	30
10.355	50	50
12.11	30	70
13.865	10	90
15.62	0	100

小芸所处时刻，上证50的PE估值为9.73倍，恒生中国企业指数的PE估值为8.05倍，二者加权后的估值为8.89倍，处于8.63至9.205倍。换言之，小芸的100万元中，应该购买90%至100%的股票，剩余的资金买债券（或买银行理财产品）。小芸采取了向下取整的策略，决定拿出90万元投资股票。

第 12 章　行业选择

作为一名金融科技从业者，小芸平时与金融和互联网等行业打交道的机会较多。金融方面，小芸所在公司是金融全牌照，因此接触的公司包括银行、保险、证券、信托、资管等；互联网方面，小芸作为一名产品经理，经常与互联网大厂展开合作。

私底下，小芸喜欢"撸猫""撸狗"，因此对宠物行业有些观察。而休息期间，小芸与同事们常因游戏打成一片，因此对互联网公司中的游戏公司也有不少认识。

日常生活中，小芸没少"买买买"，因此对包括商超（含电商）、消费品在内的大消费行业也有些理解。此外，小芸与我们一样，生活被互联网包围了。

故而，小芸赖以生存的是金融和互联网；小芸喜欢的是宠物、游戏；小芸常用的是消费、互联网。若从大行业的标准进行提炼，小芸的能力圈大致会落在互联网、金融、消费、宠物这四个行业。

接下来要判断这四个行业的发展阶段，这并不是一件容易的事情。

通常而言，分析行业需要做大量的工作。比如通常使用的分析模型是波特五力，投资者可以从竞争格局、新进入者、购买者、替代产品、供应商五个方面对行业进行剖析，费时费力。

但若真如此实践，小芸就会在"行业选择"处消耗大量时间，深感相关研究工作做得还不足够，陷入拖延，久久不得"公司选择"和"买卖决策"之大门而入。

因此，老东的建议是，在早期，小芸大可放下"做足"功课的包袱，根据自己朴素的认知，"拍脑袋""拍出"这些行业的阶段，以便完成行业选择的动作。

以互联网公司为例，互联网公司的服务有对个人的，也有对企业的。以小芸的认识来看，对个人的互联网（消费互联网）虽然发展势头不如此前迅猛，但仍在持续增长。这种认识可能源于小芸见到微信中公众号、小程序、视频号仍在蓬勃发展，也可能来自小芸每隔一段时间都会见到让她跃跃欲试的游戏、让人眼前一亮的广告、有趣的电商新玩法等。对企业的互联网（产业互联网）还处于早期阶段，小芸在工作中时常接触阿里云、腾讯云、华为云和百度云的小伙伴，结合自身所处金融行业仍有很大的数字化空间，因此建立了较为正面的认识。

此外，从行业的不少侧面，小芸也能确信互联网正处于成长期或成熟期。例如，互联网业作为轻资产行业，其核心驱动因素是人才。从小芸工作所接触的来看，互联网大厂的员工，从执行力、认知水平、共情能力等来看，仍是同龄人中最优秀的。再比如，虽然从2021年开始，互联网面临了巨大的监管压力，但从各监管安排和实际结果来看，监管是为了让行业发展更有序更正规，能更好地服务于社会，由此可见互联网的空间还远未见顶。

以金融行业为例,小芸虽不知我国金融行业各细分行业详细数据,但大致知道"三驾马车":银行、证券、保险,三个占金融行业总资产最大比例的行业,也了解金融行业的底层逻辑是资产负债表扩张("吸收"客户的钱进行"投资"),因此其长期发展趋势应该是和广义货币供应量(我们常说的M2)的增速相当。故而,金融行业虽然爆发力不足,但长期而言是稳定增长的,属于偏成熟期的行业。

这样的认识,小芸也在工作中得到佐证。

例如,小芸作为产品经理,常参与一些公司管控类的系统项目。项目执行过程中,小芸有幸接触到各行各业的数据以及业务专家,以她的认识来看,金融行业普遍营收、利润、ROE等核心指标增速不会很高,尽管有周期性,但多年下来还是增长的。

此外,小芸作为一位消费者,对于消费品的销量和价格天然地有朴素的认识。在价格方面,小芸时不时总能感受到消费品价格随着通货膨胀温和上涨。这种价格的上涨,既有直接涨价,也有变相涨价。比如她这几年爱喝的奈雪的茶,其中一款茶饮,就从早期的20多元涨至30元,这属于直接涨价;还比如,她老妈最爱吃的榨菜,这几年虽说也有直接涨价,但更多时候是在保持价格不变的前提下,把包装越变越小,妥妥的变相涨价。在销量方面,小芸从日常生活中也能真切感到,大家不仅越买越贵了,也确实越来越能买了。因此,小芸不难判断,消费行业处于成长或成熟期。

与互联网、金融、消费不同,在小芸的认识中,宠物行业不太满足处于成长期或成熟期的要求,比如小芸在为狗狗购买狗粮和零食时,发现更让人放心的产品主要是国外品牌,而在给狗狗做体检和洗澡时,国内虽已有标准化的医院品牌(如瑞鹏)出现,但仍有大量白牌(指相对品牌而言)宠物店也提供了并不逊色的服务,市场仍处于角逐的早期。

通过初步分析,小芸最终选择了互联网、消费、金融作为开局。上述分析过程,小芸将其简写成表12-1。

表 12-1 小芸的自我分析:买什么行业

	细分项	行业
在能力圈内	喜欢的	宠物、游戏
	常用的	互联网、消费
	赚钱的	金融、互联网
数月亮	成长期	互联网、消费
	成熟期	金融
最终选择		互联网、消费、金融

这些朴素的行业认识,虽不如TMT[①]行业分析师分析得有理有据,却有血有肉。身处能力圈的新投资者如此使用,一般不会出大错。但切记,得真的在能力圈内才行。此外,并非通过了此阶段的

---

① TMT,是将电信、媒体和科技(Telecommunications,Media,Technology)三个英文单词的首字母整合在一起。

"行业选择"后就万事大吉了。

本章所述方法仅是为了让我们快速进入公司分析环节，并以公司为抓手，更具象化地进行行业研究。因此，关于更深一步的行业研究，老东建议借助波特五力等研究模型，以所选公司的年报和招股说明书为蓝本展开。此过程中，辅以其他行业数据和报告、工具，如Wind、萝卜投研、行行查、远川研究所微信公众号等，能使我们事半功倍。

第13章 护城河演绎

第一问：干什么的？

护城河演绎第一问是"公司是干什么的"。

公司分析环节的核心，是护城河的演绎六问和归纳四问。这十个问题中，首当其冲的是演绎第一问：公司是干什么的？因此，小芸在开始前，首先要回忆这三个行业中的公司，哪些是她常用的，以便在已有能力圈的基础上回答第一个问题。

小芸所选择的行业包括互联网、金融、消费，在喜欢的、常用的、赚钱的三者中都出现了互联网。可见，选择互联网作为首个行业，并以此选择公司，对小芸而言最能发挥"在能力圈内投资"这一思维模型的威力。因此，我们的讨论首先围绕互联网公司展开。细分来看，小芸大致被七类互联网产品服务。它们包括：

（1）通信类：主要是微信，她有些年轻朋友还在用QQ。

（2）社区类：主要是微博，偶尔也用豆瓣和知乎。

（3）内容类：抖音、快手、哔哩哔哩、视频号、腾讯视频、爱奇艺、芒果TV。

（4）电商类：淘宝、天猫、京东、拼多多。

（5）游戏类：腾讯游戏、网易游戏以及一些新兴游戏厂商的游戏，如米哈游。

（6）生活类：主要是美团，偶尔也用滴滴。

（7）工具类：高德地图、百度地图、企业微信、钉钉。

我们若将上述产品对应到上市公司，将得到表13-1。

表13-1 小芸接触的主要互联网公司

分类	公司
通信	腾讯控股
社区	微博
内容	快手、哔哩哔哩、腾讯控股、爱奇艺、芒果超媒
电商	阿里巴巴、京东集团、拼多多
游戏	腾讯控股、网易
生活	美团、滴滴
工具	阿里巴巴、百度、腾讯控股

在表13-1中，腾讯控股出现的频率最高。此外，小芸作为科技圈人士，也知道腾讯控股持有表13-1中的快手、哔哩哔哩、京东集团、拼多多、美团、滴滴等公司的股权。显然，选择腾讯控股作为第一个研究对象，对于后续研究其他公司，也是颇有裨益的。

腾讯控股（下文简称：腾讯）是港交所上市公司，因此小芸访问了港交所网站，将其最新一期年报（2021年报）下载到电脑中。后来她才知道，虽然港交所是最权威的年报来源，但在主流交易软件中找到腾讯的页面，也可以下载每期公司的报告。此外，在搜索引擎中输入类似"腾讯控股 投资者关系"，也可在公司的投资者关系中心下载。

打开年报，映入眼帘的是一大片的腾讯蓝。按"理念篇"第4章

"简易财报与自由现金流"一节所述,小芸首先找到了财报目录,其中主要阅读的章节包括"主要财务指标、公司业务概要、经营情况讨论与分析、财务报告"。从腾讯财报的目录可看出,小芸需要阅读的是第2至第4部分、第9至第13部分。如图13-1所示。

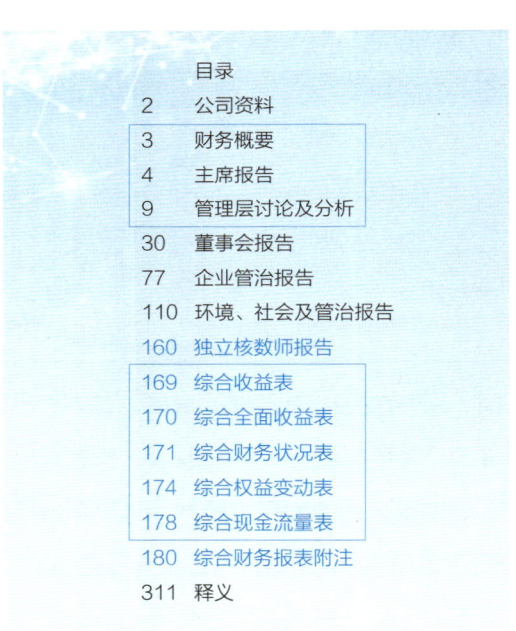

图 13-1　腾讯控股 2021 年报目录

小芸对腾讯的商业模式有个简单认识:公司通过微信/QQ锁定流量,通过广告、游戏、增值服务、支付等变现。此外,公司还有云服务。为了验证这一点,小芸依序开始查阅财报。

在年报"主席报告"中,映入眼帘的首先是"经营资料"小节,其中首先出现的是"微信用户数、QQ用户数、增值服务用户数",

第 13 章 护城河演绎

足见这三个用户数对于腾讯的生存十分关键。紧随其后，是"业务回顾及展望"小节，依次提及了"通信社交、数字内容（视频和音乐）、游戏（含本土和国际）、网络广告、金融科技、云和其他企业服务"的业务回顾和展望。

由此可见，腾讯的商业模式与小芸理解的相差无几。小芸之所以能有如此准确的认识，得益于她的能力圈。

一是无论是日常生活还是工作中，微信都是她最常用的App，在使用的过程中，她在朋友圈、公众号、小程序中都曾见过广告，在线上线下购物时，也常会用微信支付。因此，理解广告和支付的变现方式，并不需要付出过多的认知成本。此外，作为宅女，她也常用腾讯视频App追各类悬疑剧和古偶剧，观看期间会发现开屏、信息流、植入等各种广告形式，当然也知道腾讯视频的会员是要收费的。

二是作为彻头彻尾的游戏迷，腾讯旗下的知名游戏，比如王者荣耀、和平精英、穿越火线等，她可谓如数家珍。在玩游戏的过程中，她经常在微信的游戏圈和各类游戏的小程序中与朋友互动，深知游戏变现的魅力。

三是作为金融科技的从业者，工作中她没少和腾讯云接触。对腾讯云的IaaS（基础设施即服务）、PaaS（平台即服务）、SaaS（软件即服务）可谓知根知底，也大致清楚腾讯云是如何利用C端对产品深刻的理解和多年的经验，结合自身资源禀赋，为B端客户提供服务的。

演绎六问的第一问，小芸给出的答案是：通过微信/QQ获取流量，通过广告、游戏、增值服务、支付等进行变现，并利用C to B能力[①]，为B端客户提供云服务。

小芸给出这个答案，或许并不是难事。但常用腾讯产品、与小芸一样喜欢玩游戏但与腾讯云无往来的人，则需要一定的学习成本才可回答后半句。更进一步，若一位从不接触游戏，只是平时用用微信的人，则需要更多的学习成本。

相较于此二者，小芸回答起来更快，也更可确信此回答的正确性，这对于回答其他问题，以及买卖决策结束后的持有过程等，都有巨大的好处。这正是"在能力圈内投资"这一思维模型的魅力所在，也是本书不断强调该思维模型的原因。

第二问：为何非得是它不可？

护城河演绎第二问是"为什么客户非得选择它不可"。

对于C端用户而言，使用腾讯系的产品和服务，大多源于微信和QQ的使用——此二者是刚性的通信工具。在此基础上，因为腾讯在C端的品牌美誉和产品力，特别是C端很多应用（比如企业微信、政务微信）已深入B端，因此B端客户愿意选择。

当然，这个回答并不全面，比如有些用户选择腾讯视频，大部分原因是被其内容吸引。再比如，B端不少客户选择腾讯也并非都是出于C端的品牌美誉和产品力，可能是腾讯投资的企业，可能是被腾讯

---

① 指利用服务C端客户积累的"能力、机制、产品、生态"等能力，通过抽象和总结，转换为服务B端客户的一套方法论。

用了其他方式公关。但总体来说,"微信/QQ→腾讯C端产品→B端服务"是一条顺畅的主逻辑线,能让我们系统化地回答护城河演绎第二问。

"回答到这儿,你是否会觉得有些意犹未尽?"老东问道。

"是的,我觉得答案基础并不牢靠。"小芸回答道,"逻辑线的源头是微信和QQ,因为是刚性的通信工具,所以大家必须使用。可问题是,也没人规定大家非得使用微信不可呀?"

"没错,这需要我们顺藤摸瓜,追溯逻辑线起点的可靠性。"老东缓缓说道,"通信具有网络效应,因此用的人越多,大家越非得选择它不可。微信起步早,早期就裹挟了很多用户进来,后来用的人越多,大家就越离不开它了——这是用朴素的认知得出的结论。"但若深想,有些问题还是回答不了,比如:

(1)与微信相似的米聊,诞生早于微信,为何没形成上述飞轮效应?

(2)通信有网络效应不假,为何国外没形成微信这种超级通信App,而是形成群雄逐鹿的场面?

要回答这两个问题,若非互联网资深人士,还是需要经过一定的研究的。

对于问题一,小芸在翻阅即时通信软件的发展历程后得知,原来无论微信也好,米聊也罢,最初学习的都是一款叫Talkbox的软件[①]。该软件还被当时风头正盛的盛大集团收入囊中。而在跟随者中,小米

---

① Talkbox更早的灵感来源于一款叫Kit的应用。

旗下的米聊确实是早于微信发布的。与此同时，当时还有好几款跟进的App。

在翻阅历史资料的过程中，小芸发现不少自媒体将微信能在先行者Talkbox和米聊中脱颖而出归功于QQ给微信的导流。但随着研究的深入，特别是在《沸腾新十年》（一本介绍移动互联网历史的书）中得到了佐证，小芸才找到了更加确定性的答案。

实际上，早期微信在产品设计上就要求得极其苛刻（与张小龙的性格有关）。比如张小龙提出同一段语音，需做到只需要Talkbox三分之一的流量（当年流量费用很贵）；再比如，张小龙的团队使用了不同于小米的更加流畅的语音接收和发送技术等。而正是这些点滴积累起来的优势，吸引了微信的第一批用户，有了漂亮的MAU[①]增速，才让马化腾有信心在当时力排众议，支持张小龙把微信继续搞下去，并把QQ流量逐步导流给微信。要知道，刚诞生的微信看起来就是个通信工具，与当时已经成熟的手机版QQ功能在大逻辑上相近。公司砸资源再造一个"相同的"产品，在内部是需要承担相当大的质疑声和压力的。

因此，小芸认为，问题一的答案是：微信的创始人是追求极致产品力的张小龙。与此同时，张小龙恰好有一位能慧眼识珠的老板（马化腾）。

问题二，是由国内外的通信应用发展逻辑和机遇不同导致。目前

---

① 月活跃用户的英文缩写。

的微信，集合了通信、公众号、朋友圈、视频号等核心功能，可谓"WhatsApp+Instagram+公众号订阅+Reels[①]"集大成者。但在早期微信还只有通信功能时，微信更像是WhatsApp。

以Instagram为例，在彼时，中国国内也出现过用户量足够大的移动图片应用，它们在移动端的集体爆发时间是2011年初。这一众佼佼者中，包括了当时风靡一时的相机360[②]、魔图精灵[③]、美图大师[④]等，这些应用都极可能成为中国版的Instagram。但是，微信团队对该功能迅速跟进，在2012年初便推出了朋友圈，利用过硬的产品体验、不过度追求商业化的价值倡导，在已经存在的通信网络基础上，迅速追平了这些产品。但可以想见，如果微信朋友圈晚出来一年甚至6个月，这些移动图片应用可能凭借Instagram的经验，做大做实用户基础，届时微信朋友圈也可能回天乏术了。

这一现象给小芸的启发是：确实从来没有谁规定通信App必然成为超级App，也没有客观规律证明通信App不能和图片社交、视频社交集成。相反地，纵然微信团队以及他们的价值观在微信成长为超级App的过程中有着至关重要的作用，但时机显然是更为重要的因素。

---

① Meta（原Facebook）公司在多款App中推出的视频内容方式，与微信视频号相似。

② 该应用目前在国内虽已退出历史舞台，但在海外仍有很多受众（截至2020年底MAU超过1亿）。

③ 该应用曾火遍微博和朋友圈，后被百度收购后因不是战略级应用，逐步被边缘化。

④ 该应用后来经过业务整合，成了如今的美图秀秀。

真实世界从不因绝对逻辑而机械分割，更像林林总总的事件层层叠叠后的结果。

此外，通过深入研究张小龙其人，特别是阅读《在孤独中醒来：微信之父张小龙》一书，小芸得知张小龙是非常纯粹的乔布斯信徒。也正因为如此，微信才有追求极致用户体验、克制商业化变现的价值主张，这也是微信面对外敌入侵，不容易失去用户的重要原因，并为超级App的诞生提供了牢靠的基础。

纵然问题一和问题二有很多不可控因素，但腾讯及微信的团队仍起到了举足轻重的作用。因此，主逻辑线的起点处，实际上还隐含了"马化腾/张小龙→QQ/微信"这一重要假设。这个道理是，若"马化腾/张小龙"中有一人出现人事变动，则如同打蛇打七寸的那个"七寸"，投资者需谨慎再评估腾讯的价值。

厘清了这些潜在因素后，让我们回到"为什么客户非得选择它不可"这一问题上。从功能价值、情绪价值、金融价值三个角度来看，腾讯以微信为基石，建立了超级生态（通信、内容、游戏、支付等），为用户提供了丰富的功能价值。这便是问题的答案。

当然，在此基础上，对于每一个业务模块"为什么客户非得选择它不可"，小芸也进行了详细梳理。比如在游戏板块，腾讯突出的游戏品类是MOBA[①]和"吃鸡"类游戏，并非SLG、MMORPG[②]或其他游戏类型。MOBA和"吃鸡"类有很强的社交属性，这有利于充分

---

① 指多人在线战术竞技游戏。

② SLG一般指策略游戏，MMORPG一般指大型多人在线角色扮演游戏。

第13章 护城河演绎

发挥微信的优势,为用户提供和好友互动的功能价值。再比如微信支付,详细研究其逆袭支付宝成为国民支付的过程,会发现"红包"功能是最关键的创新点。通过"红包"功能,腾讯充分嫁接了支付和微信,为用户提供了中国人维持关系独有的功能价值。诸如此类,在每个细分业务中,都能看到微信超级生态起到的独特优势。

第三问:为什么抢不了?

护城河演绎第三问是:为什么竞争对手抢不了它的生意?

腾讯的主要逻辑线是"微信/QQ→腾讯C端产品→B端服务",从品牌心智、转换成本、网络效应、独占资源四方面来看,微信/QQ的"网络效应"首当其冲,其次是在这个基础上,用户不断使用腾讯的产品(无论是C端或B端)产生的"转换成本"。

"但我觉得这样的答案还不够深刻。"小芸眼珠子滴溜溜打滚。

"问题在哪儿呢?"老东尝试引导眼前这位小姑娘。

"嗯……在于网络效应和转换成本这两个关键词!"小芸若有所悟。

"比如网络效应,我们在'理念篇'讨论过它的概念。可不同行业或者不同公司的网络效应是完全相同的吗?不同的网络是否韧性不同呢?微信和QQ这种通信网络又属于其中哪一种?韧性如何呢?"小芸问出了一长串问题。

"摸到门槛儿了,这正是投资的魅力所在。"老东大笑道,"我们可以浅尝辄止,也可以深入追问。但我更推崇后者。比如网络效应这事儿，弄明白你刚说的这些问题，很显然不仅在投资腾讯上有用，某一天在工作中也必然会派上大用场的。"

经过翻阅资料，小芸知晓了让网络效应深入民心的是一位叫梅特卡夫的前辈。在其提出的定律中，梅特卡夫认为一个网络的价值和这个网络节点数的平方成正比，用公式表述就是：$V=K \times N^2$，其中V代表一个网络的价值，N代表这个网络的节点数，K代表价值系数。这一定律经过时间的洗礼沿用至今，是研究互联网必备的"公理"之一。

遗憾的是，梅特卡夫虽然是网络效应的吹哨人，但他将更多的精力聚焦在用户数和公司价值关系的研究上。小芸在梅特卡夫对网络效应的研究中，并没有找到对网络韧性的研究，只在字里行间注意到梅特卡夫提及"用户数越多，网络越稳定"。

随着研究的深入，小芸发现，美国的一家名为NFX的风险投资基金[①]曾研究过该问题。在NFX的研究结论中，网络效应按照韧性（面对外部冲击的抵抗性，即为什么竞争对手搞不了它）从强到弱可以分为3大类[②]：直接网络效应（Direct Network Effects）、双边网络效应（2-Sided Network Effects）、科技网络效应（Data Network Effects）。三者的定义分别如下。

直接网络效应：最强大、最简洁，也是逻辑最直接的网络效应。具备这种网络效应的公司，其价值伴随结点数增多而呈指数级增长。

---

① NFX公司是一家美国风险投资基金，除投资过Lyft、Trulia、Flickr等公司，还因其长期发表对于创业和商业模式的诸多颇有启发的文章而为人所知。

② 在此3种网络效应的基础上，NFX把网络效应细分为了12种。

具体来说，直接网络效应的韧性强弱依次为：实物网络效应（电话、光缆、卫星等），协议网络效应（TCP/IP协议、传真协议等），个人网络效应（微信、WhatsApp、微博等），市场网络效应（指多对多的企业沟通平台，国内暂无特别成功的案例，国外案例包括HoneyBook、DotLoop）。

双边网络效应：双边网络效应最显著的特点在于，它有两种不同的用户类型，即供应方用户和需求方用户，因此从逻辑上表现为"W"形而非网状的网络。供应方和需求方使用网络的原因不同，但他们能为彼此创造互补价值，因此也存在网络效应。具体来说，双边网络效应的韧性强弱依次为：市场网络效应（淘宝、天猫、京东、拼多多，区别于直接网络效应中的市场网络效应），平台网络效应（安卓系统、iOS系统），渐近网络效应（这类效应通常随着供给方增加，需求方所获价值增加的速度变慢；供给方达到临界数量后，网络效应增加的强度降低，比如滴滴）。

科技网络效应：产品质量会随数据和性能的增加而提高，用户增多能够带来更多数据和更好的性能，又改善产品。但用户增加到一定程度后，产品的改善速度会表现出渐进式变慢，包括数据网络效应（百度地图、高德地图）、性能网络效应（迅雷、BitTorrent）。

由此我们可知，不同商业模式的公司，尽管都具备网络效应，却天生就有截然不同的护城河。有些网络效应天然强大，因此竞争对手使尽浑身解数也难以进犯；有些网络效应较弱小，稍有不慎会滋生竞争对手。幸运的是，由微信/QQ铸造的通信网络属于前者。

"用户因为网络效应而死死黏在腾讯,而后因为高频使用腾讯系的产品,转换成本较高。这个答案的前半段我们摸透了,但后半段,关于转换成本呢?我们如何获得更深刻的认识?"老东对小芸满意地点点头,继续说道,"可以借鉴你上面的思考过程。"

小芸按图索骥,继续埋头寻找资料。

在此之前,小芸简单地认为只要新产品为用户创造的价值大于老产品,用户便会更换,也不太清楚如何将转换成本融入其中,更清晰明了地表达出转换成本在过程中发挥的作用。在翻阅资料的过程中,小芸首先刷新了自己此前对用户更换产品的认识。原来,前人早就对用户更换产品的动力进行过研究,表达为:

用户更换产品的动力 =(新产品价值 – 原产品价值)– 转换成本

上式中可以清晰看出,用户选择新产品时,不仅要考虑新产品创造的冗余价值(新产品价值–原产品价值),还要考虑转换成本。在此基础上,小芸在国内著名商业咨询顾问刘润老师的课程中,学习到转换成本可以分为三种。

一是关系性转换成本。当我们已经在一个网络中建立了与他人协同的关系后,就很难脱离这个网络。关系性转换成本,乍听之下有点像直接网络效应中的个人网络效应。其实,关系性转换成本更强调我们不会轻易脱离这种关系,而非指不会轻易更换搭载平台的网络。

二是程序性转换成本。当我们习惯了一套系统的使用方式时,更换到另一套系统时,需要花费巨大的学习成本。典型的例子包括苹果手机用户很难更换为安卓手机。

三是财务性转换成本。当我们在某个公司已经沉淀了或已支付了部分财务成本时，很难更换到另一家同业的公司。典型的例子包括酒店的积分、航空公司的积分。

三种转换成本中，按小芸朴素的认知，其护城河强弱（衡量竞争对手为什么搞不了）依次为关系性转换成本、程序性转换成本、财务性转换成本，个中道理不难理解。

首先，三种成本都是"沉没成本"，即我们或已经在关系网络中支付的、在产品上支付的、在平台上沉淀的精力、时间、财务等。三者中，由于人是社会的人，当我们已经习惯了在一个网络中建立与他人良好的协同关系后，更换网络的痛苦感最强，沉没成本最高。其次，程序性成本通常是在我们经年累月使用某款产品或服务过程中积累的，沉没成本也很高，有一定的情感性，因此也较难割舍。最后，财务性转换成本往往是冷冰冰的财务数值，我们使用的频率不高，虽然有直接的经济利益，但大概率是最容易被舍弃的。当然，财务性成本也因人而异，对于少部分精于计算的用户而言，舍弃成本也很高。

在查阅资料的过程中，小芸发现"转换成本"在忙碌者的工作中也有大用。

比如为什么有些公司的核心员工会离职跳槽？我们也可以用"（新公司的报酬－原公司的报酬）-转换成本"的思路来分析。换言之，他在新公司获得的利益差，大于离开的转换成本。这里的转换成本指除了薪酬外的其他沉没成本，包括工作模式、企业文化、同事关系等。

如果想要留住核心员工，公司应该在以下三个方面下功夫。

一是财务性转换成本角度：提高薪资待遇，提供良好的福利条件，采用股权或者奖金激励制度，从而减少利益差，降低员工更换公司的动力。

二是程序性转换成本角度：用心打造独特而良好的企业文化，提供好的工作氛围，优化同事之间的工作界面，增加他去别家公司的适应成本。

三是关系性转换成本角度：加大情感投入，加强工作沟通，利用闲暇时间组织拓展活动，建立彼此良好的关系，增加员工离开的感情成本。

三者中，财务性转换成本效果最直接，但最不具备规模效应。而程序性转换成本和关系性转换成本则具备规模效应，所产生的效果不亚于给员工直接涨薪，也难怪不少公司在这方面投入大量精力和财力。

这让小芸不禁想起了一个有趣的案例。有一家在非洲经营的中国企业，他们遇到的困难是非洲兄弟比较懒惰，不愿意按时上班。他们解决方案的底层逻辑是想办法提高关系性转换成本，增加员工不来上班的感情成本。只不过他们采用的激励形式很有中国特色：评劳模。每个季度评一次，谁这个季度按时上班，就给谁发大奖状、大红花。而且是由公司组织人，敲锣打鼓、载歌载舞地把奖状送到员工家里去。这个阵仗进到部落里，就跟我们古代状元回乡似的。全部落的男女老少，跟随着这个敲锣打鼓的激励队伍，一路走到劳模的家。

这一招很快收到了奇效。那些没收到大红花的员工，觉得自己在

第 13 章　护城河演绎

家里人面前丢人现眼,于是公司出勤率呼呼地涨得飞起。想到这儿,小芸不由得扑哧一笑。

带着这样的认识,小芸要分析的是"用户在已经高频使用腾讯系产品基础上(已产生沉没成本),更换为其他公司产品的可能性",以此进一步评估"竞争对手为什么搞不了"。因而,小芸依次对腾讯的主要产品进行了梳理。

通信:微信和QQ除了网络效应外,也有一定的程序性转换成本。以微信为例,在崛起之路上,远到"3Q大战"期间的MSN、阿里巴巴的来往,近到闪聊、马桶、子弹短信等,存在不少挑战者。面对竞争对手时,纵然护城河主要来源于网络效应,但用户不愿意更换到其他通信类App,与其已经习惯了微信的用户体验也有关系。也正因为这些,微信和QQ的黏性才如此之高,为腾讯的广告变现提供了充足的流量池。

游戏:在财报第四部分"管理层讨论及分析"中小芸发现,她理解的游戏和内容(包括腾讯视频和腾讯音乐等)都是包含在一项叫"增值服务"的科目中(年报第10页)。在同一页的科目说明中,详细列支了游戏总收入。按照小芸作为游戏玩家的理解,再结合她翻阅了一些第三方(如七麦数据、SensorTower)的流水数据,可以判断王者荣耀、绝地求生[①]两款游戏,占腾讯游戏收入50%左右。于是,她把目光聚焦在了这两款游戏。

无论是王者荣耀作为MOBA类,还是绝地求生作为"吃鸡"类游

---

① 含国内和海外版本王者荣耀,国内版本和平精英和海外版本绝地求生。

戏，都是多人竞技类游戏，玩家通过在游戏内组队（或自己），与另外一些玩家进行对抗，最终获得胜利，因此有很强的社交属性。腾讯游戏在国内的主要竞争对手，如网易游戏，也曾推出过类似的游戏。按照小芸作为多年游戏人的理解，游戏的策划和运营固然重要，但腾讯得天独厚的通信网络拥有的"网络效应"才是取胜关键。比如王者荣耀，小芸就会在午休闲暇之余，约上三五好友组团"开黑"。至于后来，小芸不愿意切换到其他游戏厂商的类似游戏，则也有"程序性转换成本"的原因——王者荣耀中有上百个英雄，每个英雄有至少四个技能，再熟悉一遍其他游戏的，太耗费精力了。

内容：小芸偶尔听歌，但在内容上的体验更多地在腾讯视频上。作为标准宅女，她喜欢看的类型是古偶剧、悬疑剧、国漫等。在小芸关注的这几类剧中，腾讯视频几乎没有转换成本。比如古偶剧，小芸既看腾讯视频的《梦华录》，也看爱奇艺的《一生一世两部曲》。又比如悬疑剧，虽然腾讯视频的《开端》非常好看，但爱奇艺的《风起陇西》也丝毫不差，对用户来说是哪里好看去哪里。唯一让小芸有差异化认识的是国漫，腾讯视频背靠腾讯旗下的阅文集团，有《斗罗大陆》《斗破苍穹》《完美世界》等一众IP，确有一定的辨识度，但别的网站如哔哩哔哩，也有《灵珑》《凡人修仙传》等一众优秀作品。腾讯视频在小芸心中谈不上具备转换成本。

支付：小芸回忆了自己使用微信支付的场景。通常是早上上班从地铁出来，一边在微信上聊天，一边走到包子铺前，使用扫一扫功能付款。再来是中午到店用餐，因为习惯了使用微信，她也是本能般地点开微信便扫一扫付款了。如今细想，一是微信支付铺得比较广，商家比较多；二是用户习惯了使用微信的功能，扫码这一动作已写入本能。由此可见，"程序性转换成本"着实起了作用，但更多的原因还是微信的网络效应，后者既让微信聚集了很多资源，推广了很多商家，也让小芸扫一扫的动作形成本能。

B端：通过工作上与腾讯云的接触，结合自己对腾讯云的深入研究，小芸发现腾讯云经过几年的业务调整，在逐步砍掉低价值的业务，聚焦企业微信、视频号、腾讯会议、小程序等自研产品，为各行各业提供定制化的解决方案。比如以企业微信为例，腾讯就演变出了政府微信，专门服务于数字政务有关部门，并通过其他产品，打通全链路闭环。再比如，腾讯也结合已有的游戏引擎和其他产品，为中小型的游戏商提供游戏云服务。腾讯将这个战略称为C to B，即借助服务于C端用户形成的产品优势，将其拓展至B端。其中，"程序性转换成本"也发挥着作用，比如前面提到的企业微信、政府微信，实际上与微信的用户体验一脉相承，能有效降低B端员工的使用门槛——"B端客户最终还是要To C的"。此外，财务性转换成本也发挥了些许作用，B端客户往往会预充值一定年限的费用等。

当然，上文只是小芸浅显的理解，还有很多地方并不到位。比如腾讯提供给B端的业务中，还有很重要的一部分是广告业务。又比如对于游戏，不仅网络效应，腾讯投资也在其中起了举足轻重的作用。还比如支付，微信支付并不是与生俱来因为有网络效应就坐上了老大的位置，而是在一次机缘巧合之下，腾讯借助"发红包"这一传统，成功嫁接了社交和支付，才成功奇袭当时的老大——支付宝。

"在本问题的可选答案中，我们已经预设了'品牌心智、转换成本、网络效应、独占资源'。这四个可选项是一种知识。既然是知识，按照我们在'理念篇'学习的，就是对信息或数据的抽象。既然是抽象，就无法囊括所有信息。比如，我们可能有一项预言足球比赛胜利的知识（数学模型），这个知识告诉我们，球星、主场、士气等因素是决定比赛胜负的关键。但可能某场比赛是由天气决定的，而模型在抽象过程中并未包含此要素。"

"由此可见，在认知金字塔的四要素中，知识和智慧虽然高高在上，但并非无敌。它们就像处在深宫孤独的王，得出结论后并非万事大吉，反而坐在王座上战战兢兢，随时都有可能出错。相反地，我们也不应低看数据和信息，它们虽然如此易得，却是王的基础。因此，投资注定是一辈子的事情。持续学习，保持饥饿，唯有如此。"老东缓缓说道。

"现在我理解您为什么要引导我深入思考'网络效应'和'转换成本'了。"小芸深以为然地点头，接着泛起甜甜的笑容说道，"尽管我对于'竞争对手为什么搞不了它'的答案并未改变，但山不是山，水也不是水了。"

第四问：他们靠谱吗？

护城河演绎的第四问是：管理层是否靠谱？

在没做深入研究之前，小芸只知道马化腾是创始人之一、公司董事长和CEO。此外,作为业内人士,她也听说过负责投资业务的刘炽平。后者大概是投行出身,负责腾讯的投资业务,大概算是公司的二把手。为了全面认识腾讯管理层,小芸翻阅了年报。

在年报"董事会报告"中的"董事履历及其他资料"和"高级管理层履历"中,小芸找到了管理层的介绍,主要包括身在董事会的马化腾、刘炽平,不在董事会的管理层:许晨晔、任宇昕、张小龙、James Mitchell、汤道生、卢山、网大为、马晓轶、林璟骅、罗硕瀚、郭凯天、奚丹、杨国安等人,后面这一众人等把小芸看晕了。

不过转念一想,小芸自己所处的公司,也有不少高管。但人都是围绕组织而设的,想要厘清高管们的分工,厘清他们在组织中的重要性,很显然可以先研究公司的组织架构。这难不倒小芸,在搜索引擎中输入"腾讯"等字眼,她很快找到了腾讯官网[①]。这里提供的信息琳琅满目,很快,小芸在"简介—业务架构"中找到了组织架构,见图13-2。

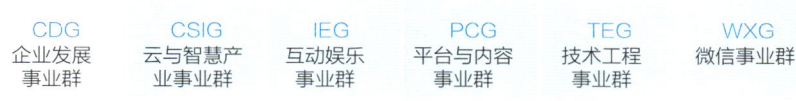

图13-2 腾讯组织架构

通过梳理组织架构,小芸弄明白了她之前了解的腾讯几项主要业务是如何分布的。

---

① https://www.tencent.com/zh-cn/。

（1）企业发展事业群（CDG）：广告、金融科技（含基础支付技术）、投资等。

（2）云与智慧产业事业群（CSIG）：B端业务，以腾讯云为主。

（3）互动娱乐事业群（IEG）：游戏、直播、电竞等。

（4）平台与内容事业群（PCG）：QQ、视频、动漫等。

（5）技术工程事业群（TEG）：后台支持事宜，如运营平台、研发管理等。

（6）微信事业群（WXG）：微信、微信支付、邮箱等。

从"微信/QQ→腾讯C端产品→B端服务"的逻辑出发，小芸对6个事业群进行了映射。首先，腾讯这棵大树的基石是WXG中的微信和PCG中的QQ。基石之上，腾讯为C端用户提供了IEG中的游戏、直播、电竞等，PCG中的视频、动漫等，WXG中的微信支付等产品。在此基础上，腾讯借助C to B的能力，通过CSIG和CDG为B端客户提供服务。TEG则为上述各种产品和服务提供后台支持。

可见，除了统管公司层面的CEO、总裁、首席XX（如首席信息官和首席运营官等），综合考虑重要性和给公司创收等因素，WXG在第一位，PCG和IEG差不多重要，在第二至第三位，CDG和CSIG差不多，在第四至第五位，TEG在最后。因此，对于公司管理层的研究，可以聚焦在CEO、总裁、首席和各事业群的负责人。

在腾讯官网"简介—管理团队"中，小芸找到了管理团队的名单和分工情况，见图13-3。

管理团队

图 13-3 腾讯管理团队

虽然图 13-3 中从左到右对事业群的排序（小芸推测作为官网材料，避免有失公允，按首字母排序）并不满足上述逻辑，但无论从财报中的"董事履历及其他资料"和"高级管理层履历"，或是官网中对于管理团队人员的排序，都可以窥见端倪。在这两处地方，前八位高管排序相同，分别为：马化腾、刘炽平、许晨晔、任宇昕、张小龙、James Mitchell、汤道生、卢山。其中：

（1）马化腾、刘炽平分别是董事长兼CEO、总裁。

（2）许晨晔、任宇昕分别为首席信息官和首席运营官，前者还是腾讯五虎之一。

（3）张小龙分管WXG。

（4）PCG和IEG的重要性在WXG之后，但分管它们的任宇昕是首席运营官。

（5）CDG由刘炽平直接分管，但投资业务由James Mitchell负责。

（6）汤道生分管CSIG。

（7）卢山分管TEG。

当然，小芸上述的分析也未必全面。比如James Mitchell作为首席投资官，排序在分管WXG的张小龙之后；又比如不在上述八人中，但也是管理团队成员的网大为、罗硕瀚分别是公司的首席探索官和首席财务官，并未排在八人之前；还比如第十五位的杨国安先生，实际上是帮助管理团队中各成员对齐思想、建立共识的重要人员；等等。管理团队中其他人员虽然也很重要，但作为投资者，小芸将主要精力聚焦在研究前八人身上，是性价比更高的做法。

顺着这个思路，小芸将除马化腾外（她对马化腾的成长经历太熟悉了）的另外七位管理层成员的经历进行了整理。这些资料或来源于公司财报，或来源于媒体对管理层的采访，或源于腾讯的一些传记。简述如下：

（1）刘炽平：总裁、直接分管企业发展事业群。2005年加入腾讯，负责战略、投资、并购和投资者关系等工作，后被委任为总裁，负责管理公司日常运营。在加入腾讯前，刘炽平曾任高盛亚洲投资银行部的执行董事及其电信、媒体及技术方面的首席营运官。在此之前，刘炽平也曾在麦肯锡从事管理咨询工作。

（2）许晨晔：首席信息官、腾讯五虎之一，1999年加入腾讯，目前全面负责网站和社区及客户关系的策略规划和发展工作。

（3）任宇昕：首席运营官、互动娱乐事业群总裁、平台与内容事业群总裁。2000年加入腾讯，后陆续负责互动娱乐业务的游戏研发、运营、市场等，2012年被委任为首席运营官。

（4）张小龙：微信事业群总裁。2005年加入腾讯，曾任广州研发部总经理，并带领团队将QQ邮箱建设为中国最大的邮件服务商。加入腾讯之前，其从1997年独立开发了Foxmail，是中国第一代互联网软件开发者。

（5）James Mitchell：首席战略官，2011年加入公司，负责战略规划及实施、投资者关系、合并和收购及投资活动。加入腾讯之前，其在投资银行业拥有逾16年的从业经验，并曾任高盛纽约分公司的董事总经理，主管通信、传媒及娱乐等行业的研究团队，分析全球互联网、娱乐和传媒等行业。

（6）汤道生：云与智慧产业事业群总裁。2005年加入腾讯，担任软件架构师，过去曾领导QQ、QQ空间、QQ秀及其增值业务。除了分管云与智慧产业事业群，汤道生也负责管理安全实验室、多媒体实验室等多个腾讯重要实验室，并为腾讯科技委员会联席主席之一。

（7）卢山：技术工程事业群总裁。2000年加入腾讯，曾任即时通信产品部总经理、平台研发系统副总裁和运营平台系统高级副总裁。2012年开始负责技术工程事业群管理工作。

总算把人认齐,接下来小芸要判断这些管理层成员是否靠谱。按照前文的思考框架,可以从长期主义理念、行业深刻洞察力、专注的执行力、超强的同理心四个方向思考。

首先,小芸从一些关于腾讯的书籍[①]、刊物[②]、管理层的演讲等内容中得知,腾讯1998年成立以来,至少经历过三次重要的组织架构改革。

其中,第一次架构改革的背景是,公司看到了PC互联网长期的蓬勃发展,通过改革,公司从单一的社交平台(QQ)变成了一站式的生活平台,腾讯由此形成了多条业务线百花齐放的格局,更是盘活了员工的主观能动性,走出了QQ秀、QQ空间等商业模式,脱离了过度依赖移动梦网业务的窘境。

第二次改革的背景是"3Q大战"之后,公司看到了移动互联网巨大的发展空间,更看到了内部管理割裂(如PC版的QQ和手机版QQ甚至不是一个团队)等问题,于是面向移动互联网启动改革,整合内部割裂的资源等;同时,将生态开放给合作伙伴,用更开放的姿态去拥抱移动互联网。

第三次改革则是公司看到了产业互联网长期发展的趋势,于是通过组织架构改革,整合C端几乎除微信和娱乐外的所有业务为PCG,

---

① 如《X光下看腾讯》《腾讯传》。
② 如《腾云》《三观》。

首次设立专门服务于B端的CSIG，并借助系统上云的项目，合并中后台资源为TEG，以此解决由于赛马机制导致的过度松散组织结构的问题，形成合力共同面对未来挑战。

腾讯三次组织架构调整，虽然各有原因，但主要的脉络之一，是依次面向PC互联网、移动互联网、产业互联网的长期发展而改变。此外，小芸从管理层的演讲内容中，也确实捕捉到了其经营思想的长期性。小芸认为以马化腾和刘炽平为代表的八位关键管理层成员，从"说"和"做"的角度，都满足长期主义理念。

其次，从管理层的履历可以看出，偏产品方向的张小龙、任宇昕，偏IT方向的汤道生、卢山，偏金融投资方向的刘炽平、James Mitchell都在各自垂直领域深耕近30年甚至以上，马化腾和许晨晔更是腾讯创始人。从产出结果来看，产品方面，腾讯诞生了微信和王者荣耀等国民级产品；IT方面，腾讯云已成为中国第二大的公有云，且腾讯是第二个全面系统上云的互联网大厂；投资方面，腾讯投出了诸如京东、美团、拼多多等优秀公司。可见，八位关键的管理层拥有行业深刻洞察力。

再次，从管理层各自率领的队伍中，小芸也能看到公司执行力的影子。比如，微信的上线，当时公司内部有至少三支队伍在做类似微信的产品，张小龙团队脱颖而出有许多原因。团队早期毫不松懈，在微信语音版本上线后，接连推出摇一摇、朋友圈等核心功能，是取胜的关键之一。再比如，腾讯立下"三年内自研系统全部上云"的目标，其实现过程也是卢山和汤道生二人所率团队呕心沥血，突破层层关卡（其中如定制星星海服务器、解决CVM虚拟化功耗难题、自研容器调度平台等)才最终完成。还比如,在2020年春节期间,疫情导致远程办公需求激增,腾讯内部从各部门迅速组织研发人员驰援腾讯文档和腾讯会议,这些人在接下来的数周时间全勤投入抗击疫情项目,这为后续腾讯文档和腾讯会议抢占远程办公制高点打下了坚实基础。

最后,关于同理心的问题,小芸的答案是这些管理层肯定有,但未必是"超强"。小芸之所以有此结论,一是源于她在工作上接触的腾讯小伙伴的反馈,由于管理层们各自分管一部分,不同团队和事业群之间的协同存在不少隔阂。二是源于小芸对第三次变革过程的史料考察。按小芸的认识,当时固然有马化腾和刘炽平的坚持,但成功打散组织架构并重组,得以拉齐各管理层成员的认知,也得益于腾讯管理团队中高级管理顾问杨国安先生的反复斡旋——这也不难理解,每个管理层成员都有自己的既得利益,都会"屁股决定脑袋"。能走上这种岗位的人,同理心必然是有的,但对于"超强"二字,小芸目前仍是打个问号。当然,这仅代表小芸此时的见解,或许源于其对管理层未有全面的认识,也可能在后续出现变化。

第五问:有独特的企业文化吗?

护城河演绎的第五问是:公司有什么独特的文化?

腾讯的企业文化包括使命愿景和价值观两部分。使命愿景是"用户为本,科技向善",公司价值观是"正直、进取、协作、创造"。该企业文化更新于2019年,在此之前,腾讯的企业文化中,使命愿景是"最受人尊敬的企业"。

小芸并非人力资源专业出身,更未从事过该行业,按照她在工作中的体会,企业文化的价值在于凝聚共识。若我们从财务角度考量,其对于管理者最大的价值,在于可以提升内部决策效率,降低财务上的管理费用。

为什么这么说呢?

小芸认为,企业是由具体的人构成的,尽管用人部门和人力资源部门在筛选员工时有所倾向,但每个人因为成长过程不同,形成的价值观不尽相同,因此,在面对同一个问题时,不同人的决策方式便不相同,甚至会相冲。

小芸回忆起她曾负责的一款金融类应用软件。用户通过该应用软件便可完成线上理财产品的购买。但由于公司风险偏好较低,公司能提供的产品在收益率上并不具备竞争力。此外,产品的结构设计复杂,用户需要极高的学习成本。对此窘境,团队成员可谓各显神通。有的人建议,在原本复杂的结构基础上,将产品的还款方式再进行复杂化调整,并采用模糊的描述方式,使产品在字面上的收益率能"看起来具有竞争力",引导用户购买;也有人建议,就按领导设计的产品结构,标清楚产品的收益率,踏踏实实做好系统应用,保证用户购买流程流畅便可,毕竟产品结构和收益率竞争力并不属于IT团队的事情;当然也有如小芸,建议选择一条最难啃的路,即与领导和各部门沟通,简化产品结构,提升用户体验,并设计一系列强化公司和平台安全性的宣传手段。虽然收益率低,但咱们安全性高。

遗憾的是,由于团队意见不一,最终经层层请示,才定下来保持原有产品结构设计和收益率的方向。彼时已是好几个月之后了。虽然最终小芸的建议方向没被采纳,让她不免郁闷,但让她体会最深的是企业文化在其中的作用。

不难发现,第一种建议是牺牲用户价值,换取短期股东价值的价值观。第二种是以领导为导向的价值主张。第三种则是以用户为本的价值倡导。第三种价值倡导固然有长期主义色彩,但可能因为短期问题而最终挺不过去。第一种选择可以带来短期经济价值,但可能因此失去长期价值。客观来说,三者并没有绝对的对错,而是要视行业的发展阶段、竞争格局、公司状况和竞争优势等因素,综合考量后进行选择。但关键的是,公司得有选择,得有取舍,否则团队经常需要在选择上付出高额的成本,拉升管理费用不说,失去凝聚力才是最要命的。

按小芸的理解,企业文化得独特而鲜明。这并不是为了哗众取宠,而是在保证公司长期竞争力的基础上,为了让员工更清晰地进行决策,让团队更有凝聚力,让管理费用更低。

带着这样的认识,再观腾讯的"用户为本,科技向善",小芸认为这称得上"独特的企业文化",或者换言之,称得上"可供员工进行决策的企业文化"。比如当需要在朋友圈增加很多广告位,以满足公司业绩增长需要,但又会因此损害用户的体验时,基于"用户为本"的使命愿景,团队就能有所倾向;还比如当用户在使用微信支付后,是否要增加广告位,引入竞价原则而不考虑商家情况,引导用户进行跳转,基于"科技向善",也很容易决策。

值得一提的是,研究过程中,小芸发现,同样是以通信和社交闻名的Meta公司(原名Facebook)也有着独特的企业文化,但其独特性与腾讯截然不同。在有关Meta公司的传记和不少对员工的访谈中都提到了，公司文化虽经过多版迭代，但这几个鲜明的词汇一直存在：大胆、开放、专注于影响、快速行动、破除陈规。文化不同导致行动的准绳不同，产生的结果不同。如此，小芸也能理解为何公司所处行业相似，两家公司却给人截然不同的印象。

"以我待过的企业来看，企业文化大致分为三大类。平庸的企业文化，鱼和渔都不会授予；强势的企业文化，授人以鱼，最强调执行力；引导的企业文化，授人以渔，明确边界，发挥人的主观能动性，百花齐放。"老东对小芸梳理的内容很赞赏，继续说道，"以我的浅见，后两者都称得上'独特的企业文化'，但得与行业和公司的实际所需匹配。"

演绎总结：认知由何而来

护城河演绎的第六问是：公司可能以什么原因丧失护城河？

但在开始之前，老东向小芸介绍了这个问题的来源。

护城河演绎第六问是一种典型的逆向思维。该问题的设计灵感，最初源于查理·芒格在哈佛大学的一次演讲。在演讲中，芒格以《如何拥有痛苦人生？》为题，引导哈佛的毕业生们从"反过来想"的角度，思考人生最应该避开的事情。

彼时的芒格60多岁，听过20次哈佛大学的毕业演讲，并坦陈在过去所听过的演讲中约翰尼·卡森开出的"人生痛苦药方"对他的启发最大。而在那次演讲中，芒格在卡森的基础上，开出了六味[①]一定会让

[①] 芒格实际上开出的是七味药，第七味可以理解为忽略凡事都要反过来想这一思维方式。意在强调这一思维的重要性。

人生变得痛苦的药方：

（1）为了改变心情或者感觉而使用化学物质；

（2）妒忌；

（3）怨恨；

（4）反复无常，而不要虔诚地做你正在做的事情；

（5）只从自身的经验获得知识，别从他人和古人的经验中吸取教训；

（6）遇到严重失败时请一定要意志消沉。

如果想要明白人生如何才能得到幸福，首先需要研究人生如何才能变得痛苦。同样地，要研究企业如何做强做大，首先需要研究企业是如何衰败的。要解出X，得先研究如何才能得到非X。正是基于这种逆向思维，芒格一生阅读了非常多的社会和公司失败的案例和书籍。这位有趣的百岁老者，喜欢在各种场合强调"反过来想，总是反过来想"。有心者深知他在强调逆向思维的重要性，无心者则笑道人老了真的会变得唠叨，聪慧如芒格也未能例外。

重要归重要，这个问题回答起来并不难。无论是从"客户为什么非得选择它不可"还是从"竞争对手为什么搞不了它"的答案来看，都依赖于"微信/QQ→腾讯C端产品→B端服务"，因此，失去微信/QQ（前者更为重要），腾讯就失去了护城河。

以微信为例，什么情况下会失去竞争力呢？

作为互联网产品，首先是产品的用户体验。一些损害用户体验的可能性包括：添加越来越多冗余的功能、增加了非常多的广告、公众号和视频号等内容质量不断下降、核心功能的交互让用户难受等。其次是数据隐私的保护,比如大量用户的数据泄露,或是哪怕少数用户数据被用于很糟糕的商业用途,引发社会舆论等;最后是卷入政治风波,比如Meta就曾经被卷入俄罗斯间谍、美国境内选举等政治事件,遭受了巨大的挑战。

至此,护城河演绎六问已经回答完毕,小芸将其依次整理如下:

一问:公司是干什么的?

答:公司通过微信/QQ获取流量,通过广告、游戏、增值服务、支付等变现,并利用C to B能力,为B端客户提供云服务。

二问:为什么客户非得选择它不可?

答:腾讯以微信为基石,建立了超级生态,为用户提供了丰富的功能价值。

三问:为什么竞争对手抢不了它的生意?

答:主要是因为微信/QQ的"网络效应",其次是在这个基础上,用户不断使用腾讯的产品(C端和B端)产生"转换成本"。

四问:管理层靠谱吗?

答:公司管理层具有长期主义理念、行业深刻洞察力、专注的执行力。

五问:公司有什么独特的文化?

答:公司文化中的使命愿景是"用户为本,科技向善",结合过往决策来看,具备独特性。

六问:公司可能以什么原因丧失护城河?

答:一是用户体验恶化;二是用户数据泄露;三是卷入政治

给忙碌者的价值投资

风波。

虽然最终答案看似简单,但每个答案背后都涉及深入的研究。研究过程中的输入,有的来自书籍,有的来自散落在互联网中的数据、信息、知识。一边书写着答案,小芸一边回顾了分析的过程,如表13-2所示。

表13-2 小芸回忆自己回答护城河演绎六问的过程

护城河演绎六问	答案输出可选项	答案所需输入	
		每个问题专用	通用
公司干什么的	—	财报的主席报告、业务回顾及展望或类似章节(C)	能力圈常用的喜欢的赚钱的
为什么客户非得选择它不可	功能价值、情绪价值、金融价值	1. 行业发展历史(B) 2. 国内外标杆公司发展历史(B) 3. 管理层传记(B)	
为什么竞争对手抢不了它	品牌心智、转换成本、网络效应、独占资源	1. 关联学科知识(A) 2. 行业内研究成果(A)	
管理层是否靠谱	长期主义理念、行业深刻洞察力、专注的执行力、超强的同理心	1. 公司发展历史(B) 2. 公司官网、投资者关系(C) 3. 管理层的公开资料(C) 4. 行业和公司内部人员视角(S)	
公司有什么独特的文化	—	1. 公司官网、投资者关系(C) 2. 行业和公司内部人员视角(S) 3. 公司发展历史(B) 4. 公司重要决策逻辑(A)	
公司可能以什么原因丧失护城河	—	上述所有	

表13-2的"答案所需输入"一列中,小芸对每一项输入的获取进行了难度划分,其划分逻辑遵循:越是有标准化信息渠道的,越容易;越是不涉及具体人只涉及物的,越容易。按此逻辑,小芸将所有输入项划分成了S、A、B、C四个等级,获取难度由高至低。在此基础上,小芸将所有输入项按此逻辑重新排列,得到表13-3。

表 13-3 护城河演绎六问输入项按标准化和难易度整理

非标准化		标准化	
访谈 (难度:S)	书籍/互联网 (难度:A)	书籍 (难度:B)	互联网 (难度:C)
1. 行业人员视角 2. 公司人员视角	1. 关联学科知识 2. 行业内研究成果 3. 公司重要决策逻辑	1. 行业发展历史 2. 国内外标杆公司发展历史 3. 公司发展历史 4. 管理层传记	1. 财报 2. 公司官网 3. 投资者关系

带着难度标志符再看表13-3,小芸发现了一个有趣的现象:护城河演绎六问,自上而下的顺序,从输入项的要求来看,恰好也是由易至难的。前三个问题中,所需的输入项获取难度分别为:C、B、A,第四和第五个问题虽然也有依赖于C类的输入项,但S类输入项"行业和公司内部人员视角"对于回答该问题至关重要。

"总结得很好,可你是否想过为什么会这样吗?"老东问道。

"嗯……"小芸沉思了一会儿,思绪万千,忽然眼神一亮,说道,"六个问题的设计,本身就是由近及远的!"

"由于公司在投资者的能力圈中,因此第一个问题答起来非常容易。第二个问题依赖于能力圈中'常用的',这是大多数人具备的能

给忙碌者的价值投资

力圈水平,毕竟日常生活和工作中,使用某种产品和服务是简单的动作。第三个问题开始需要站在竞争对手的角度考虑,通常在这个行业供职的投资者,回答起来才更为容易,这意味着能力圈中'赚钱的'这一进阶能力将发挥作用。至于后面几个问题,若非本身这个公司属于投资者'喜欢的',则需花费不少精力寻找输入项,并基于输入项消化理解才可回答,因此要求更高。"小芸娓娓道来。

"能力圈这一思维模型在此发挥得淋漓尽致,而忙碌者因其忙碌,本身就拥有'常用的'和'赚钱的',而对于深爱着本职工作的忙碌者,大概率还拥有'喜欢的',相比于不在能力圈内的投资者,回答起这六个问题所需花费的成本低太多了!"小芸惊叹道,"要建立一个行业的能力圈,堪比念了一次大学[1],这话一点不假。"

老东对小芸的总结默默点头,满意地笑着,显然已是没什么要补充的了。

"东老师,我想起了一段电影台词。"小芸忽然说道。

"什么?"老东有些好奇地看向眼前这位姑娘。

你只是个孩子,你根本不晓得你在说什么。

所以问你艺术,你可能会提出艺术书籍中的粗浅论调。

米开朗琪罗,你说你知道很多。

你会提及他的满腔政治热情,与教皇相交莫逆,耽于性爱。

但你连西斯廷教堂的气味也不知道吧?

---

[1] 出自中国著名投资人段永平先生。

第13章 护城河演绎

你没试过站在那儿,昂首眺望天花板上的名画吧?

我如果和你谈论战争,你会向我大抛莎士比亚,朗诵"共赴战场,亲爱的朋友"。

但你从未亲临战争,未试过把挚友的头颅拥入怀里。

看着他吸着最后一口气,凝望着你,向你求助。

我问你何为爱情,你可能只会吟风弄月,向我如数家珍。

但你没法说出在女人身旁醒来时,那份内心真正的喜悦。

你也未试过全情投入真心倾倒,四目交投时彼此了解对方的心。

"我愿称之为,对能力圈最深刻的阐述。"老东竖起了拇指。

第 14 章 护城河归纳

第一问:利润表与会投资的养鸡场

护城河归纳四问首当其冲的是:ROE≥15%,少数ROE不远大于归母ROE。

其中,ROE的全称是净资产收益率,即每1元钱净资产能为股东创造的净利润。

因此,要回答归纳第一问,至少涉及"净资产"和"净利润"两个科目。

在"理念篇"养鸡场的例子中,我们得到了一家稳定持续赚真钱的养鸡场的净资产、净利润情况(表4-12)。依葫芦画瓢,我们可以找到过去5年(2017至2021年)腾讯的年报,将其净资产、净利润、经营现金流的变化情况摘录出来,如表14-1所示。

表 14-1 2017—2021 年腾讯净资产、净利润、经营现金流

单位:亿元

科目	2017年	2018年	2019年	2020年	2021年
净资产	2771	3562	4888	7780	8767
净利润	725	800	959	1601	2278
经营现金流	1061	1064	1486	1941	1752

第 14 章 护城河归纳

我们知道，按照每1元钱净资产能为股东创造的净利润，我们可以在表14-1中增加一行，其逻辑是净利润/净资产，得到ROE，如表14-2所示。

表 14-2　2017—2021 年腾讯净资产、净利润、净资产收益率、经营现金流

科目	2017年	2018年	2019年	2020年	2021年
净资产（亿元）	2771	3562	4888	7780	8767
净利润（亿元）	725	800	959	1601	2278
净资产收益率（%）	26	22	20	21	26
经营现金流（亿元）	1061	1064	1486	1941	1752

若是一家公司只有经营业务，这样的计算虽不严谨，但也大差不差。

不严谨的原因是：净利润虽是全年的（比如2021年内，2278亿元），但净资产是报告期末的（2021年末，8767亿元）。在"理念篇"，我们曾提及，资产负债表是一张公司在某个日期资产和负债的快照。用区间值（净利润）除以时点值（净资产）得出ROE，是不合理的。而为了让净资产也变成区间值，常用的做法是用"（年初净资产+年末净资产）/2"来代替，但此做法也不太严谨，毕竟年内还可能涉及分红、增发等事宜。

大差不差的原因是：比如以腾讯2021年的ROE为例，若不考虑分红、增发等原因，用"（年初净资产+年末净资产）/2"代替"年末净资产"，其结果也只有1~2个百分点的差别[①]。

---

①　未替换前，ROE=2278/8767×100%≈26%，替换后，ROE=2278/[（7780+8767）/2]×100%≈27.5%。2020年末净资产为7780亿元，即是2021年初净资产。

遗憾的是，腾讯还不是一家只有经营业务的公司。腾讯全称"腾讯控股"，公司的主营业务既包含了经营业务，也包括投资性业务。对于后者，小芸也是早有耳闻。腾讯的投资经典案例包括美团、京东、拼多多等。既然是投资，必然也产生投资上的"净利润"——常言的"投资收益"。这个是否也该纳入ROE的分子之中呢？

答案是肯定的。毕竟我们投资的是经营和投资合并后的腾讯，而非只投资了经营业务的腾讯。经营业务赚的钱是钱，投资业务赚的钱也是钱，不必区别对待。但是，有一个课题绕不开：理解投资收益的记账方式，并评估这种方式是否合理。

"评估入账方式？"小芸想想都头大，"要去啃一本厚厚的会计准则吗？"

"不需要有太大压力，我们只需要借助朴素的商业直觉就行。"老东安抚道，"大多数会计准则是符合朴素的商业直觉的。先想一下，一家只有经营业务的养鸡场的利润表会是怎么样的结构，都有哪些关键项。"

小芸的思绪慢慢展开。

"首先，养鸡场因为卖出鸡蛋，产生了收入。再来，收入中扣除了养鸡的成本，如饲料和水等，得到了毛利（营业收入-营业成本）。接着，毛利还需要扣除各种经营养鸡场所需的费用，通常大致有三种（俗称"三费"）：如果卖鸡蛋需要推销，那就有销售费；如果养鸡场有负责各种管理的员工，就需要管理费；如果养鸡场借了钱，会产生利息，就有财务费。当然，养鸡场的厂房每年会变旧，这也是一种变相的费用支出（折旧）。可能有些高端养鸡场会用高科技，那就还有研发费等。扣除了三种费用后，再扣除应缴税额，就得到了净利润。"

"这样对吗？"小芸不太确信地问了问老东。

"对的，若参考小学数学的减法运算，我们可以这样表达……"老东说着便在地上画起来。

营业收入
－ 营业成本
= 毛利
－ 销售费
－ 管理费
－ 财务费
= 经营利润
－ 税收
= 净利润

这便是利润表大体的轮廓。其中，营业收入、毛利、经营利润、净利润，是从营收转换为净利润的四个关键节点。尽管不同地区的财务准则中相关科目叫法不同（经营利润在香港被叫作"经营盈利"），但其结构和对应科目的内涵差异不大。为了验证这个观点，小芸打算找到腾讯的利润表一探究竟。

由于腾讯控股是港交所上市公司，为方便后文分析，小芸将包括利润表在内的财务三表（合并利润表、合并资产负债表、合并现金流量表)与腾讯的财报进行了对应,在港交所上市公司所执行的会计准则中,财务三表被称为:综合收益表、综合财务状况表、综合现金流量表。至于夹在三者间的另外两张表:综合全面收益表、综合权益变动表,后文我们再探讨。

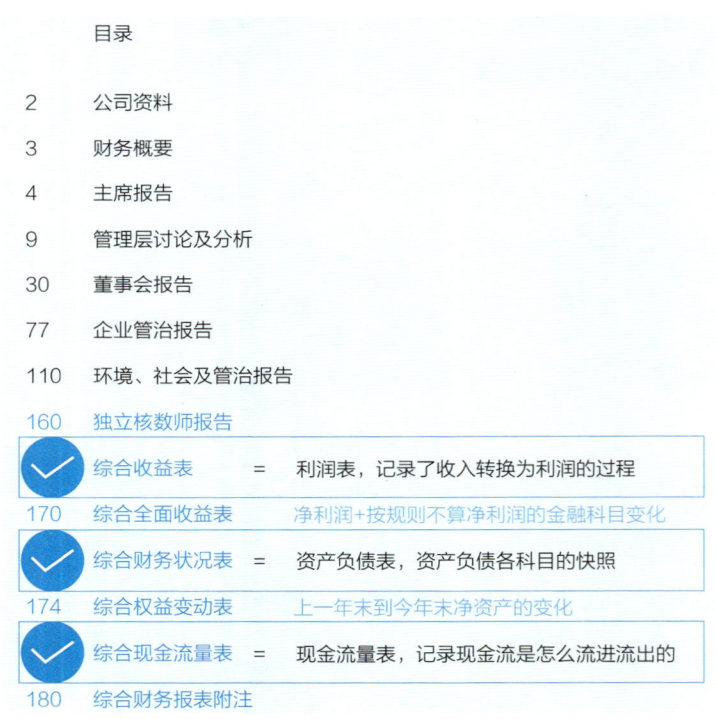

图 14-1 腾讯控股 2021 年报目录

有了对应关系,小芸找到了综合收益表。打开后,映入眼帘的结构虽然复杂,但四个关键节点清晰可见,它们分别为:收入、毛利、经营盈利、年度盈利,如图14-2所示。

		二〇二一年 人民币百万元	
①	收入		
	增值服务	291,572	
	网络广告	88,666	
	金融科技及企业服务	172,195	
	其他	7,685	
		560,118	
	收入成本	(314,174)	
②	毛利	245,944	
	利息收入	6,650	
	其他收益净额	149,467	➡ 财务投资
	销售及市场推广开支	(40,594)	
	一般及行政开支	(89,847)	
③	经营盈利	271,620	
	财务成本净额	(7,114)	
	分占联营公司及合营公司（亏损）/盈利净额	(16,444)	➡ 战略投资
	除税前盈利	248,062	
	所得税开支	(20,252)	
④	年度盈利	227,810	

图 14-2　腾讯 2021 年的利润表（综合收益表）主要结构

如果腾讯是一家只有经营业务的养鸡场，我们对公司的利润表的分析便到此为止了。

然而，腾讯不仅赚了经营业务的钱，还赚了投资业务的钱。"对于投资赚的钱，如果是你，会怎么入账呢？"老东忽然发问，打断了小芸的思考，"或者可以先想一下，作为个人，可能有哪些投资资产呢?"

这个问题难不倒小芸,毕竟在"理念篇"讨论步骤一的目标"撬动财富增长的'杠杆'——容易获得的稳定增长的资产"时,小芸曾回顾过,作为职场人,能接触的资产莫过于黄金、债券、房地产、股票四类。于是她将答案脱口而出。

"假设一位没刻意学习过财务知识的人,一位普普通通的忙碌者,他有一套房子产生租金收入,还有一些通常用来追涨杀跌的股票,一段时间,他对这两项资产的收入,会怎么记账呢?"老东一步步引导着她。

"记租金收入,股票波动产生的亏损或收益?"小芸有些不太确定。

"你看,朴素的商业直觉非常准。"老东对她的答案表示认可,继续问道,"换个角度,还是这位忙碌者,这套房子就是个预售房,三年后交房,他购买的目的就是三年后卖。这时他每年该怎么记账?如果他是位读了本书的价值投资者,并认为他持有的股票等同于持有了公司股权的一部分,又该如何记账?"

"嗯……这样的话,他可能会更关注房子的市场报价波动,股票方面会关注公司的盈利对应于他这部分股权是多少。因此会记房子的价格波动、持有的公司因经营为其产生的对应盈利或亏损?"小芸不知对错,甚至有些迷糊了,"到底应该怎么记才合适呢?同样是房子和股票,为什么有时这样记,有时那样记呢?"

"这个问题在忙碌者的工作中能找到答案。细想一下,我们所供

第 14 章 护城河归纳

职的公司,经营的推进是围绕一个个项目和挑战进行的,而不同的部门因职能不同、领域不同,被划分出来,但划分本身不是目的,服务于挑战才是目的。同样地,财务报表是围绕'如何记录收入更合理'这一挑战进行编制的,而不是围绕不同资产类型进行编制的。"

"同样是房子,目的是长期持有持续收租时,我们在收入上就记录租金收入;持有目的是低买高卖,在收入上就应该记录价格波动带来的盈利或亏损。同样是股票,持有目的是期望拥有公司的一部分从而为我们贡献经营盈利,在收入上就应该记录'分占盈利/亏损'[①];持有目的一开始就倾向于低买高卖,在收入上就应该记录'公允价值变动带来的损益'。"

"投资收益如何入账,关键是要看持有者看待它的角度是股权思维,还是炒家思维。"老东缓缓说道,"世界不是按照领域划分的,而是围绕挑战组织起来的。"

"我明白了!所以腾讯的投资,也应该按照这个逻辑!"小芸茅塞顿开,继续说道,"一些公司比如美团、拼多多等,持有的目的是给公司生态圈赋能,实现双赢,腾讯最终获得持股部分的盈利,它们创造的利润就应该按照'分占盈利/亏损'记录;而有些公司就是为了低买高卖,就应该按照公允价值变动记录。"

小芸忽然沉思了一下,又说道:"按照这个逻辑,我想无论是哪种持有初衷,如果卖掉了,应该都直接计算卖出的价格和实际成本的

---

① 对应港交所上市公司的"分占联营公司及合营公司(亏损)/盈利净额",指持有者按其持有的比例占有该项资产当期内盈利或亏损的金额。

给忙碌者的价值投资

差异,对吗?"

"你的直觉很准呀!"老东笑了笑,说道,"大逻辑是没错的,只不过你说的这些还有一些细节,比如最后说的那个卖掉,也不一定真的卖掉,有时候还包括一些被称为'视同处置'的动作,也会直接计算成本和价格的差异。但这都无伤大雅,你的理解已经很到位了。"

用朴素的商业直觉理解,腾讯的投资可分为两大类:

第一大类是财务投资。大致有三小类:一是小芸所说的买来打算做个差价卖出的(包括股权和债权);二是打算持有到期的纯债权;三是自己也没想好是做价差还是持有的股权和债权,也放在了这儿。其中,第二小类几乎可以忽略。财务上,它们有个统一的名字:金融资产[①]。各自的名字依次为:

(1)以公允价值计量且其变动计入当期损益:打算做价差的金融资产。

(2)以摊余成本计量:打算持有到期的债券资产。

(3)以公允价值计量且其变动计入其他综合收益:没想清楚咋弄的金融资产。

第二大类是战略投资。即小芸所说的那些能帮腾讯丰富生态圈,最终大家取得双赢的股权投资,那些我们耳熟能详的案例,比如美

---

① 根据IFRS9准则,金融资产又可分为三类。文中所述第一小类对应"以公允价值计量且其变动计入当期损益";第二小类对应"以摊余成本计量";第三小类对应"以公允价值计量且其变动计入其他综合收益"。

团、拼多多、快手、B站，都在这儿。在财务上，它们统统有个很厉害的名字：长期股权投资[1]。

若不考虑占比较小的债券和没想清楚咋弄的金融资产，财务投资可以类比于用来追涨杀跌的股票，或是现在买入且打算三年后就卖出的房子；战略投资，可类比于被看待为公司股权的股票，或是打算长期持有进行收租的房子。这两类资产，给腾讯带来的回报主要有三类[2]：公允价值波动[3]、分占盈利/亏损、处置[4]。总结如下：

①财务投资的收益：主要源于公允价值波动；

②战略投资的收益：主要源于分占盈利/亏损；

③处置，两种投资都产生收益。

按会计准则要求，①和③都被分在了"其他收益净额"一项，该科目可以理解为广义的财务投资收益，毕竟处置也算财务操作之一。②则顾名思义，被分在了"分占联营公司及合营公司（亏损）/盈利净额"（分占盈利/亏损）。于是，再加上这两个科目，就完成了一个既养鸡也投资的养鸡场，从收入到净利润的过程，如下所示。

---

[1] 不同于金融资产以公允价值计量，长期股权投资是以权益法入账的。权益法的核心是将长期股权投资理解为投资方在被投资单位拥有的净资产量，被投资方实现盈利/亏损和派息等情况下才会引起权益变化。

[2] 现实中还包括分红，但该数值太小，忽略。

[3] 可以简单理解为二级市场报价的波动。

[4] 含视同处置，例如京东。

给忙碌者的价值投资

      营业收入

− 营业成本

= 毛利

− 销售费

− 管理费

+ 财务费

− 其他收益净额

= 经营利润

+ 分占盈利/亏损

− 税收

= 净利润

    归母净利润

    归少数股东净利润

  细节方面,将其他收益净额摆在经营利润之前,将分占盈利/亏损摆在之后,料想是因为占有其他公司赚的钱毕竟不是直接赚的钱,不能算是经营利润,就此略过不做深究了。带着这样的认识,再看图14-2,便能理解其中"财务投资"和"战略投资"的含义了。

  最后,为了拨开全部的迷雾,我们还需将所有科目对应起来。这并不困难,养鸡场例子中提到的"销售费、管理费、财务费",对应"销售及市场推广开支、一般及行政开支、利息收入+财务成本净额"科目。至此,我们得到了一张完整的利润表,见图14-3。

	附注	截至十二月三十一日止年度	
		二〇二一年 人民币百万元	二〇二〇年 人民币百万元
收入			
增值服务		291,572	264,212
网络广告		88,666	82,271
金融科技及企业服务		172,195	128,086
其他		7,685	7,495
	5	560,118	482,064
收入成本	8	(314,174)	(260,532)
毛利		245,944	221,532
利息收入	6	6,650	6,957
其他收益净额	7	149,467	57,131
销售及市场推广开支	8	(40,594)	(33,758)
一般及行政开支	8	(89,847)	(67,625)
经营盈利		271,620	184,237
财务成本净额	9	(7,114)	(7,887)
分占联营公司及合营公司（亏损）/盈利净额	10	(16,444)	3,672
除税前盈利		248,062	180,022
所得税开支	11	(20,252)	(19,897)
年度盈利		227,810	160,125
下列人士应占：			
本公司权益持有人		224,822	159,847
非控制性权益		2,988	278

图 14-3　腾讯 2021 年的利润表（综合收益表）

当然，财务投资中还有两个好哥儿们。一是纯粹没打算做价差的债券，但这个占比太低，也可忽略。二是公司也没想好是做价差还是持有的股权和债权（以公允价值计量且其变动计入其他综合收益），因为没想好，所以公允价值波动和处置也不会直接体现在利润表（综合收益表），而是体现在"综合全面收益表"。

综合全面收益表和综合收益表，二者之差是"全面"二字。综合全面收益表更全面，是在净利润的基础上，主要加上了"公司也没想好是做价差还是持有的股权和债权"产生的收益，还有汇率差（因为腾讯不只在内地经营业务）等科目。其间逻辑可以简写为：

净利润

+   汇率差额

+   没想清楚咋弄的金融资产的波动

=   全面收益净额

"我明白了！"小芸忽然打断了老东的讲解，"腾讯牌养鸡场，创造了营收+投资收益，支付了各种费用后，变成了净利润，最后再考虑全面收益项目，变成全面收益净额……"

"因此，最后剩下那张我们还没讨论的'综合权益变动表'，应该就是描述'期初的净资产+本期内全面收益净额=期末净资产'的过程，对吧！"小芸满眼期待地看着老东。

"大差不差！"老东哈哈大笑着说道。

综合权益变动表，顾名思义，描述的是权益变动。

那么权益是什么呢？正是股东权益，又名"净资产"。

通过营收到全面收益变动的过程，母鸡生下的鸡蛋，最终留存在公司中，形成了净资产。而综合权益变动表正是描述从期初净资产变成期末净资产的过程。小芸所述略欠缺的是，公司并不是将所有鸡蛋都留存下来的，还有一部分通过各类分红的形式给了股东。公司也可能在此期间有资本运作，比如增发股票，使总股东权益增加。总之，涉及"期初净资产"到"期末净资产"的变化过程，会被记录在综合

第 14 章 护城河归纳

权益变动表中。逻辑简写为：

净期初净资产

+ 全面收益变化

+ 分红或与分红等效的行为

+ 其他涉及净资产变化

= 期末净资产[①]

  归母净资产[②]

  归少数股东净资产[③]

  关于腾讯2021年综合全面收益表、综合权益变动表的内容，有兴趣的读者也可翻阅其2021年报，在此不做延伸。至此，理解腾讯这个"具备投资业务的养鸡场"赚钱的过程是如何记账的，特别是"投资收益"是如何记账的，我们已经基本完成了。

  此过程中，涉及了财务三表中的利润表（综合收益表），并涉及了另外两张表：综合全面收益表和综合权益变动表。财务三表中，我们还留下资产负债表（综合财务状况表）和现金流量表（综合现金流量表），待到另外三问时我们再行展开。

  此时回到护城河归纳第一问，公司整体的ROE我们已经在表14-2中得到。只是在此ROE中所使用的"净利润"，不仅包含"经营部分"，也包括了"投资部分"。投资收益中，对于战略投资，主

---

① 港股科目名称为：权益总额。

② 港股科目名称为：本公司权益持有人应占权益合计。

③ 港股科目名称为：非控制性权益。

要是由应占盈利贡献；对于财务投资，主要是由打算做价差的那部分资产的波动和处置（含视同处置）贡献。由于采用的是"净利润"而非"全面收益净额"，所以财务投资中还没想好的那部分资产的价格波动并未体现。

那么这种方式合理吗？是否应该采用"全面收益净额"代替"净利润"呢？

这就是一千个读者眼中有一千个哈姆雷特了。老东的看法是，既然这部分资产没想好是不是要吃价差，那么其波动不纳入考虑也是合情合理的。因此，使用"净利润"没有问题。

前文我们已经得知，腾讯的ROE过去5年大致在20%以上。护城河归纳一问中，还涉及少数股东ROE和归母ROE的比较。这难不倒我们，毕竟在利润表中，我们已经找到了少数和归母的净利润，在综合权益变动表中，我们也已经找到了少数和归母的净资产。将过去5年对应科目整理后，得到表14-3。

表 14-3 2017—2021年腾讯归母和少数股东的净利润、净资产、ROE

项目	2017年	2018年	2019年	2020年	2021年
归母净利润（亿元）	725	800	959	1601	2248
归母净资产（亿元）	2561	3235	4327	7040	8063
归母ROE（%）	28	25	22	23	28
少数股东净利润（亿元）	10	13	26	3	30
少数股东净资产（亿元）	210	327	561	741	704
少数股东ROE（%）	5	4	5	0	4

少数股东ROE的重要意义已经在"体系篇"讨论过。腾讯少数股东ROE较低，比归母ROE都要低，可见并不存在利益输送及其他相关风险。至此，我们完成了护城河归纳第一问。

第二问：资产负债表与掌控感

护城河归纳第二问是：资产负债率<50%，有息负债占比低。

由此便可看出，这一局我们要打交道的是资产负债表（综合财务状况表）。

老东阻止了小芸打算翻阅资产负债表的动作，笑道："不急，和分析养鸡场的收入转换为利润的过程类似，来，用朴素的商业直觉，你先说说一家不具备投资业务的养鸡场，其资产和负债分别可能有哪些？"

"资产……"小芸抿着嘴嘀咕道，"首先肯定是有养鸡场，养鸡场养了鸡后，应该还有一些没卖出去的鸡蛋。嗯……然后应该还有公司赚了的钱，以及在'理念篇'讨论过的应收？"

"至于负债……"小芸眼珠一转，继续道，"我不太能想到养鸡场有什么负债，除非它借了一些钱，或者欠饲料供应商的钱？"

"大差不差。"老东朝她竖起拇指。

一家没有投资业务的养鸡场，资产负债大类大致如表14-4所示。

表 14-4　一家没有投资业务的养鸡场的资产负债表结构

资产大类	资产	负债大类	负债
现金	现金等价物	借款	借款
经营资产	物业（如养鸡场）	经营负债	应付预收[②]
	存货（如鸡蛋）		其他
	应收预付[①]		
其他	其他		

注：①养鸡场已经卖出了鸡蛋，但还没收到钱，称之为应收账款，简称应收；养鸡场为了向上游卖鸡雏的供应商买鸡雏，提前打了一笔款，但鸡雏还没收到，称之为预付账款，简称预付。二者虽然都还没落进养鸡场的口袋，但预期中是迟早的事儿，因此会计准则上记为资产。

②养鸡场还没卖出鸡蛋，但提前收到了钱，称之为预收账款，简称预收；养鸡场向上游卖鸡雏的供应商买鸡雏，鸡雏已经收到，但还没付钱，称之为应付账款，简称应付。二者虽然都还没支付，但预期中是迟早的事儿，因此会计准则上记为负债。

通过护城河演绎六问选出的公司，资产负债表大多有四个特征。

特征①：现金比较充沛。

特征②：借款占负债的比例不高。

特征③：应收预付比例不高，或应付预收减去应收预付远大于0。

特征④：存货很少，除非存货能越存越值钱。

至于为什么会有这些特点，回到护城河演绎六问的核心两问："用户非他不可"和"竞争对手搞不来"，便可理解了。一家具备"用户非他不可"和"竞争对手搞不来"特点的养鸡场，因其强大的议价能力，总会源源不断地收到现金，自然会表现出现金占比高、借款比例低的特点。也因其议价能力，可以不接受或少接受供应商的白条，因而应收预付比例不高；相反，公司的应付（应该付出的钱）和预收（提前收取的钱）会较高。至于存货很少，更好理解了，毕竟用户非他不可，鸡蛋都是生出来就卖了，哪来的什么存货。

"在此基础上，想象一下有投资业务的养鸡场呢？"老东问道。

"我想……应该就是资产上增加了投资的资产？包括我们第一问中涉及的财务投资和战略投资的资产对应的价值？"小芸不太确定地问道。

"正确。"老东的笑容打消了她的疑虑。

因此，我们得到了具备投资业务的养鸡场的资产负债表，见表14-5。

表 14-5 一家具有投资业务的养鸡场的资产负债表结构

资产大类	资产
现金	现金等价物
经营资产	物业（养鸡场）
	存货（鸡蛋）
	应收预付
投资性资产	财务投资
	战略投资
其他	其他

负债大类	负债
借款	借款
经营负债	应付预收
其他	其他

剩下的，就是将财报的"综合财务状况表"与表14-5一一对应，如图14-4所示。

当然，在实际对应过程中，还是有不少细节需要研究。比如，图14-4中的"物业"应该是广义的物业——生产资料。对于养鸡场而言，生产资料包括厂房、土地、在建工程等，而对于经营数字经济的腾讯而言，还包括无形资产（含媒体内容、商标、商誉等）。又比如，图14-4的"物业"中，"投资物业"是否纳入生产资料有待商榷，毕竟其目的是投资而非用于真正意义上的生产。但考虑到其金额较小，索性一并纳入"物业"了。还比如，应收预付中也并非所有的都是来自供应商的应收，还含有给员工的薪酬、给股东的股息等，为简易其事，一并纳入"应收预付"科目。按此整理，腾讯的资产如表14-6所示。

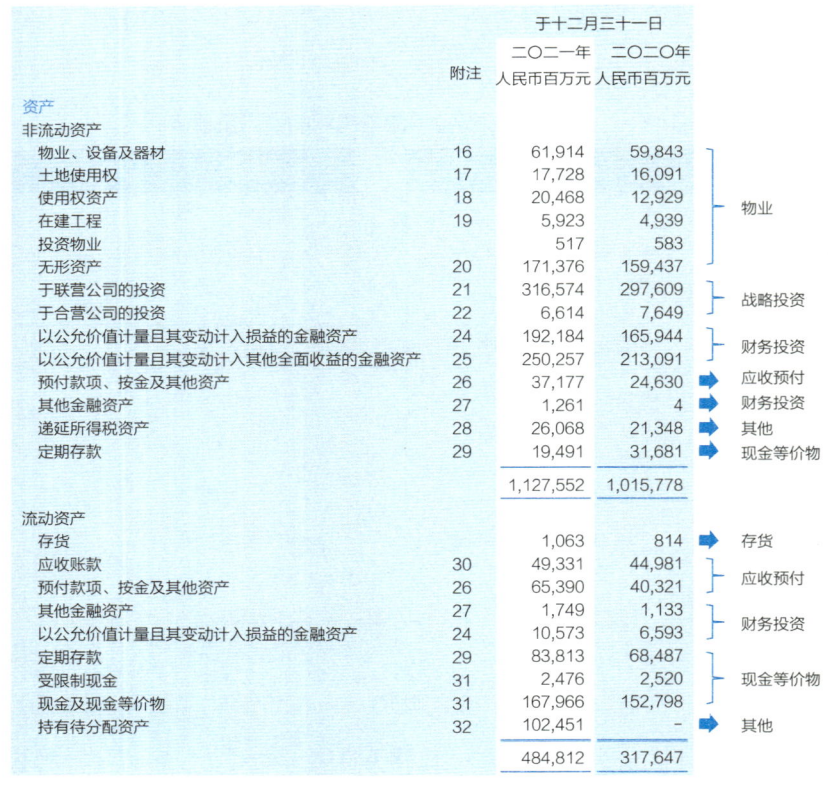

图 14-4　腾讯 2021 年资产负债表中的资产部分与表 14-5 对应

第 14 章 护城河归纳

表 14-6 腾讯的主要资产结构

资产大类	资产	金额（亿元）	占比（%）
现金	现金等价物	2737	16.98
经营资产	物业（养鸡场）	2779	17.24
	存货（鸡蛋）	11	0.07
	应收预付	1519	9.42
投资性资产	财务投资	4560	28.28
	战略投资	3232	20.04
其他	其他	1285	7.97
	合计	16124	

从表14-6可以看出，腾讯的资产中有近50%是投资资产。剩下的50%，又有15%以上的是现金等价物，只有35%的资产用于经营。经营资产中，应收预付占总资产的比例不足10%，也几乎没有存货，满足上文（第224页）通过护城河演绎六问公司的特征①②③。

同样地，我们向下翻阅综合财务状况表，找到负债部分的对应关系，见图14-5。

将该对应关系整理后，得到腾讯的负债结构，见表14-7。

从表14-7我们得知，腾讯的负债中，50%多是应付预收。前文我们已经提过，应付也好，预收也罢，都是公司在产业链中议价能力的体现。此外，负债中只有20%是真正需要付给银行（或其他借款方）利息的借款。按有息负债/总资产计算，有息负债率不足10%——这也是护城河归纳第二问中关于"有息负债占比低"的答案。

	附注	于十二月三十一日		
		二〇二一年 人民币百万元	二〇二〇年 人民币百万元	
负债				
非流动负债				
借款	36	136,936	112,145	→ 借款
应付票据	37	145,590	122,057	⎫ 应付预收
长期应付款项	38	9,966	9,910	⎭
其他金融负债	39	5,912	9,254	⎫
递延所得税负债	28	13,142	16,061	⎬ 其他
租赁负债	18	16,501	10,198	⎭
递延收入	5(c)(i)	4,526	6,678	→ 应付预收
		332,573	286,303	
流动负债				
应付账款	40	109,470	94,030	⎫ 应付预收
其他应付款项及预提费用	41	60,582	54,308	⎭
借款	36	19,003	14,242	→ 借款
流动所得税负债		12,506	12,134	⎫
其他税项负债		2,240	2,149	⎬ 其他
其他金融负债	39	3,554	5,567	⎭
租赁负债	18	5,446	3,822	
递延收入	5(c)(i)	87,846	82,827	→ 应付预收
以实物分派的应付股息	15(b)	102,451	—	→ 其他
		403,098	269,079	
负债总额		735,671	555,382	

图 14-5　腾讯 2021 年的资产负债表中的负债部分与表 14-5 对应

表 14-7　腾讯的主要负债结构

负债大类	负债	金额（亿元）	占比（%）
借款	借款	1559	21.19
经营负债	应付预收	4180	56.82
其他	其他	1618	21.99
合计		7357	

与资产表类似，负债表也有很多值得深究的地方。比如递延收入已纳入应付预收科目中，该科目也可理解为一种"应付预收"，其主

要含义是用户在游戏或其他内容平台充值,但还未消费的部分(算是在某种程度上欠用户的钱,因此记为负债)。还比如,"租赁负债"表达的是公司长期租用某个资产预计要支付的费用(理解为公司欠出租方的钱),但其记账方式采用的是租金的贴现值之和,而非租金之和。此类有意思的细节有很多,读者可自行深挖,在此不做赘述。

最后,我们用资产减去负债,便得到了净资产(股东权益)8767亿元。按我们在"综合权益变动表"中所知,8767亿元净资产中,归属于上市公司股东的净资产是8063亿元,剩下的704亿元是归属于少数股东的净资产。如表14-8所示:

表14-8 腾讯2021年和2020年的主要资产负债表结构

单位:亿元

资产科目	2021年	2020年	差额
现金等价物	2738	2555	183
生产资料	2779	2538	241
存货	11	8	3
应收预付	1519	1098	421
财务投资	4560	3868	692
战略投资	3232	3053	179
其他	1284	215	1069
资产合计	16124	13334	

负债科目	2021年	2020年	差额
借款	1559	1264	296
应付预收	4180	3698	482
其他	1618	592	1026
负债合计	7357	5554	

净资产科目	2021年	2020年	差额
归母	8063	7040	1023
归少数	704	740	-36
净资产合计	8767	7780	

注:因四舍五入,本表数据与财报数据有出入。

基于此，我们计算可知2021年资产负债率约为46%（7357/16124），有息负债率不足10%（1559/16124）。护城河归纳第二问回答完毕。

"我总觉得意犹未尽……"小芸思考着，继续说道，"资产负债表表现出来的特征①②③④，背后似乎有一种共同的特征。我总觉得它才是这类公司资产负债表最大的特点，但我没理解透。这是我的错觉吗？"

"你的直觉没错。"老东欣慰地笑道，"我们把这类公司类比为一些在本身所处领域具有竞争优势的忙碌者，或许更容易找到和理解这个'最大的特点'。"

"这些忙碌者在能力圈内有足够强的竞争优势（护城河），因此其供职的公司或服务的客户，愿意源源不断地向其支付现金。常言道：最好的投资是投资自己。忙碌者虽通常会把这些钱用于再投资，提升自己的竞争优势，但还是会留存一些钱，所谓'手中有粮心中不慌'，故而有了特征①。也因为有余粮，所以大可不必借钱，就有了特征②。此外，因忙碌者展现了强大的议价能力，和人做生意时，有底气要求对方支付现金，不允许赊账。同时，忙碌者提供的东西或服务供不应求，自然不会有什么存货，也就满足了特征③和特征④。这些忙碌者可能因所处行业不同，还有其他不同的但优秀的资产负债特征，但说一千道一万，他们一定有一个共同的特点……"

"资产负债表会表现出掌控感。"老东说到最后三个字时，目光如炬，继续说道，"归根结底，通过护城河演绎六问的公司，或是在某个领域有竞争优势的忙碌者，其资产负债表会展现出一个鲜明的特点：具有掌控感。或是对公司经营，或是对人生经营。

"拥有掌控感的养鸡场，在行业周期向上、鸡蛋供不应求时，日子过得不错。在行业周期短暂向下时，它几乎没有欠的钱要还，也没有存货会烂在手中，只需要等候冬去春来，自会门庭若市。与之相对的，大多数公司缺乏掌控感，它们往往因经营上的被动，或急于赶超，或迫于压力，而榨干账上的每一分钱，采用过度的负债，加足马力生产货品。一方面担心被时代潮流落下，一方面担心寒冬来临时难以生存，惶惶不可终日。具有掌控感的忙碌者和不具备掌控感的忙碌者，其对于人生经营的差异，与此并无二致。

"有现金，低负债，不被赊账，没有存货，这些为经营的掌控感提供了可靠的基础，而所有这些都源于护城河演绎，同时也是对护城河演绎的交叉检验。按照自己的意愿过一生是幸福的标准，人生如此，公司经营也是如此啊。"

第三问：现金流量表与提纯过程

护城河归纳第三问是：经营现金流/净利润>1。

该问的逻辑是审视经营净利润的含金量。为了回答这个问题，我们还需要明确两个问题。

问题一：利润表和现金流量表有什么区别？

问题二：现金流量表的结构是什么？

问题一，利润表和现金流量表在确认方式上有区别，前者是权责发生制，后者是收付实现制。简单来说，权责发生制是以收益、费用是否归属本期为标准来确认的，而收付实现制是以收益、费用是否在本期实际收到或付出为标准确认的。

通俗讲，利润表以契约发生为确认标准，现金流量表以落袋为安为确认标准。

以在"理念篇"讨论自由现金流的简单版养鸡场为例。养鸡场在第1年的经营中，虽然鸡蛋以100元卖出，利润表上记录了100元的营业收入（如表4-2所示，本书第52页），但由于下游经销商强势，仅提供了一张100元的票据而未支付现金，养鸡场并未实打实地收到100元，因此，养鸡场的经营流入为0（如表4-3所示，本书第53页）。利润表上的100元营业收入，是因为契约和货物转移确认的；现金流量表中的现金流入0元，则是因为100元未落袋为安而确认的。

问题二，以有投资业务的养鸡场为例，通常有三项业务：养鸡、投资以及融资。前面二者我们已讨论过。至于融资业务，也好理解，当养鸡场钱不够花时，难免要借钱，钱攒多了，用不完也可以借出去。比如，利润表（图14-3）中"财务成本净额"主要反映的就是"借钱"产生的利息，"利息收入"反映的是"借出去的钱"产生的利息收入。

现金流量表便是以这三项业务进行划分：经营活动现金流量、投资活动现金流量、融资活动现金流量。其中，经营活动现金流量最为重要。

经营活动现金流量，通常可由利润表调整获得。调整的逻辑顾名思义：一是"经营"，即从利润表中提纯出"经营活动"，剔除"投资"和"融资"；二是"现金流"，即将利润表中以契约发生但未落袋为安的盈利或亏损剔除。

"接着你来试试,这两个逻辑分别要调整哪些科目呢?"老东忽然停下了说明,笑道,"都说女人的直觉很准,我看女人的商业直觉也算其中一种。"

小芸扑哧一笑,显然没有了先前几次的压力,说道:"剔除投资,那就把财务投资收益和战略投资收益全部从净利润中减掉;剔除融资,那就把利息收入和支出也从净利润中减掉。至于未落袋为安的,那不就是前面讨论的应收预付和预收应付……"

小芸说到这儿,有些卡住,但很快反应了过来,"看本期内的应收预付增加额,如果变多了,就应该从利润中减去,毕竟条子打多了,收到的现金就减少了。预收应付则是相反,应该在利润的基础上加上增加额,对吗?"

"还有一些细节,比如,如果养鸡场的母鸡生了很多鸡蛋,存起来没卖,不会创造收入,也就不会有对应的营业成本,因此不会影响净利润,但实实在在需要花费养鸡场的现金去买饲料,因此要减去存货增加;再比如,生产资料随着时间的推移仍可以使用,但按会计准则要进行折旧和摊销,折旧和摊销并不需要消耗现金,因此该项需要加回;还比如,互联网公司喜欢发股票来代替直接发奖金,而股票是不需要消耗现金的;另外,利润表的税是按照利润来算的,但可能企业有一些上期的税放到本期缴,因此实际支付的税与利润表中的有区别。"老东点头并欣慰笑道,"虽然差一点点,但你的回答已经非常接近答案了。"

让我们梳理一下调整的逻辑：

净利润

- 财务投资收益
- 战略投资收益
- 利息收入
+ 利息支出

= 经营活动的净利润

- 应收预付增加额
+ 应付预收增加额
- 存货增加额
+ 折旧和摊销
+ 股权激励
+ 税调整

= 经营活动现金流量

前两部分右侧分别标注："提纯经营活动"、"将契约发生调整为落地为安"。

第一部分提纯经营活动净利润的数据，在利润表（图14-3）中可以找到，财务投资收益1495亿元、战略投资-164亿元、利息收入67亿元、利息支出71亿元，合计要减去1327亿元（1495-164+67-71）。腾讯2021年净利润为2278亿元，因而得到经营活动的净利润951亿元。

值得一提的是，更准确地计算腾讯的经营活动净利润，应该用"净利润-战略投资收益-（财务投资收益+利息收入-利息支出）×（1-税率）"更为合适。因为净利润和战略投资收益 [分占联营公司及合营公司（亏损）/盈利净额]都是税后，另外三者是税前，需要乘以税率才可得到税后。按此计算，腾讯2021年经营活动净利润约为1070亿元（2021年税率为8%[1]）——与951亿元之差，主要在于税调整（放在了第二部分）。

第二部分将契约发生转换为落袋为安，我们需要知道应收预付、应付预收、存货三个科目的变动额，以及折旧和摊销、股权激励等的数值。折旧和摊销，我们在利润表附注[2]中可以找到，数值为314+262=576（亿元）。如图14-6所示：

8 按性质划分的开支	二〇二一年 人民币百万元	二〇二〇年 人民币百万元	
交易成本 [附注（a）]	129,136	107,628	
雇员福利开支 [附注（b）及附注13]	95,523	69,638	
内容成本（不包括无形资产摊销）	66,911	58,285	
无形资产摊销 [附注（c）及附注20]	31,430	29,073	摊销
推广及广告费	31,335	26,596	
频宽及服务器托管费（不包括使用权资产折旧）	27,260	21,876	
物业、设备及器材、投资物业以及使用权资产折旧 [附注16及附注18]	26,166	21,458	折旧
核数师酬金			
－审核及审核相关服务	148	127	
－非审核服务	54	37	
－税务咨询	14	11	
－尽职调查服务	23	8	
－其他服务	17	18	

图14-6 腾讯2021年财报附注及其中涉及折旧和摊销的项

---

[1] 腾讯是国家高新技术企业，历史上平均税率约为13%，但波动较大。2017年至2021年分别为：18%、15%、12%、11%、8%。该波动与国家针对特定行业的补税和免税有关系。2021年8%的低税率不可持续。

[2] 以2021年财报为例，综合收益表的"收入成本"科目旁标注附注8，在该财报综合财务表附注的第8项中可以找到对应内容。

股权激励,我们在利润表的附注[①]中可以找到,数值为222亿元。如图14-7所示。

应收预付、应付预收、存货的变动额,需要在2021年资产负债表的基础上,再增加2020年的情况,如表14-8所示,并计算出二者的差额。表14-8中,应收预付2021年增加了421亿元,存货增加了3亿元,应付预收增加了482亿元,此三者合计-421-3+482=+58亿元,再考虑折旧和摊销的+576亿元和股权激励的+222亿元,合计调整为+856亿元。

按照我们的估计,若不考虑税的差异,腾讯2278亿元净利润中,剔除了非经营活动产生的净利润1327亿元,但又主要因折旧摊销和股权激励不消耗现金而加回856亿元,得到经营活动现金流量约为1800亿元。

那么,实际的经营现金流量情况如何呢?小芸翻开了腾讯的综合现金流量表,如图14-8所示。

---

① 以2021年财报为例,综合收益表的"销售及市场推广开支"和"一般及行政开支"科目旁标注附注8,在该财报综合财务表附注的第8项中可以找到对应内容。

第14章 护城河归纳

8 按性质划分的开支

	二〇二一年 人民币百万元	二〇二〇年 人民币百万元
交易成本 [附注（a）]	129,136	107,628
雇员福利开支 [附注（b）及附注13]	95,523	69,638
内容成本（不包括无形资产摊销）	66,911	58,285
无形资产摊销 [附注（c）及附注20]	31,430	29,073
推广及广告费	31,335	26,596
频宽及服务器托管费（不包括使用权资产折旧）	27,260	21,876
物业、设备及器材、投资物业以及使用权资产折旧（附注16及附注18）	26,166	21,458
核数师酬金		
－审核及审核相关服务	148	127
－非审核服务	54	37
－税务咨询	14	11
－尽职调查服务	23	8
－其他服务	17	18

（股权激励 在这里 → 雇员福利开支）

8 按性质划分的开支（续）

附注：

（a）交易成本主要包括银行手续费、渠道及分销成本。

（b）截至二〇二一年十二月三十一日止年度，本集团就研究及开发产生的开支约为人民币518.80亿元（二〇二〇年：人民币389.72亿元），其中包括雇员福利开支约人民币429.58亿元（二〇二〇年：人民币316.43亿元）。

截至二〇二一年十二月三十一日止年度，雇员福利开支包括股份酬金开支约人民币222.22亿元（二〇二〇年：人民币137.45亿元），其中包括就SSV及CPP产生的开支约人民币0.21亿元（二〇二〇年：零）。

截至二〇二一年及二〇二〇年十二月三十一日止年度，概无重大开发开支资本化。

图14-7 腾讯2021年财报附注及其中涉及股份酬金开支的项目

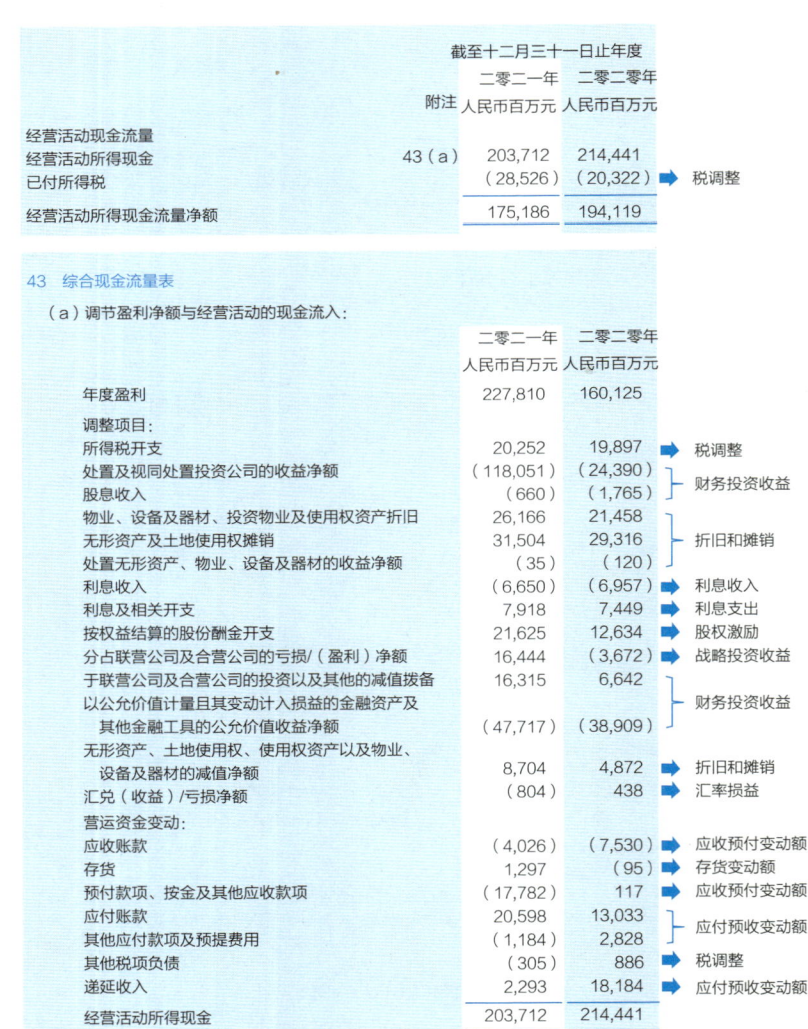

图 14-8 腾讯经营活动现金流量表及调整净利润得到经营活动现金流净额的过程

第14章 护城河归纳

图14-8中，按照每个科目进行归类，可以得到净利润调整为经营现金流的过程：

第一步，提纯"经营活动净利润"合计：

① 财务投资收益影响：-1495亿元

② 战略投资收益影响：+164亿元

③ 利息收入影响：-67亿元

④ 利息支出影响：+80亿元

合计：-1318亿元，前文估计值为-1328亿元

第二步，将契约发生转换为落袋为安：

① 应收预付增加额影响：-218亿元

② 应付预收增加额影响：+217亿元

③ 存货增加额影响：+13亿元

④ 折旧摊销影响：+668亿元

⑤ 股权激励影响：+216亿元

合计：+896亿元，前文估计值为856亿元

⑥ 税调整和其他：-85.8亿元

最终得到约1700多亿元的经营活动现金流量。

在没考虑税调整和其他前，与我们的估计值相差无几。至于税的调整，这是因为在计算所得税时，会计记账和税法规定在一些方面是有差异的，比如固定资产折旧、所得税费用扣除等，这些差异需要在申报纳税时进行调整。利润表中的所得税是按照会计准则计算的，实际缴纳的所得税是调整后的，因此有差距。我们不必深究。

此外，财报中经营活动现金流量的结果虽与我们估计的相近，但过程中有些数值出入还是很大的。比如"应收预付增加额"，根据我们资产负债表的差额计算，2021年为421亿元（表14-8），但实际财报中（图14-8）的调整过程，只影响了218亿元，差异产生的原因是并非所有资产负债表中的应收预付差额都是经营产生的，还有投资性和融资性的。

经营活动现金流量分析到这儿，我们已能回答护城河归纳第三问了。但在回答之前，我们还是得回到归纳第三问的设置逻辑：为了验证公司经营业务赚取真金白银的水平。

在"体系篇"，我们曾以贵州茅台为例回答该问题。那时我们使用的是经营活动产生的现金流量净额除以净利润。贵州茅台该数值过去8年的中位数为103%。而之所以能直接使用"经营活动产生的现金流量净额除以净利润"这一表达式，是因为茅台是几乎不做投资业务的养鸡场，其净利润中投资几乎为0，用该表达式才有意义。

但对于腾讯，为了验证公司经营业务赚取真金白银的水平，更合适的公式应该为"经营活动现金流量/经营活动净利润"。至于答案，已是不言自明：公司应收预付增加额和应付预收增加额功过相抵，又有折旧摊销和股权激励这两项计入费用却不消耗现金流的科目，该值会远大于1。足见公司赚取真金白银的能力毋庸置疑。

除经营活动现金流量表外，现金流量表中还有投资活动现金流量表和融资活动现金流量表，主要是描述公司在投资和融资中产生的现金流，虽不是分析养鸡场的重点，但其中还有很多有意思的细节，就留给读者自行研究了。

第四问：两点启发与总结

护城河归纳第四问是：净利润率≥15%。

这一问的答案可以直接从利润表（图14-3）中获得。以2021年报为例，公司税后净利润2278.1亿元，营业收入5601.18亿元，可得出净利润率约41%。照葫芦画瓢，我们可以得到过去5年公司的净利润率情况，见表14-9。

表14-9　2017—2021年腾讯营业收入、净利润、净利润率情况

项目	2017年	2018年	2019年	2020年	2021年
营业收入（亿元）	2377.6	3126.94	3772.89	4820.64	5601.18
净利润（亿元）	724.71	799.84	958.88	1601.25	2278.1
净利润率（%）	30	26	25	33	41

从表14-9中可以看出，腾讯虽然净利润率波动较大，但全都在15%以上。若按均值计算，过去5年的均值为31%。考虑到2021年资本市场涨幅较大且有大额处置，41%的净利润率对比过往4年偏差较大，若将其剔除，净利润率均值为28.5%。

当然，我们还可以在上述答案的基础上，再深想一层。

腾讯具有投资业务，净利润中包含了非经营业务，但营业收入中仅包含经营业务。如此计算必然会放大净利润率。那么，纯粹的经营业务净利润率是多少呢？

这难不倒我们。在上一节中，我们已知道，经营业务净利润可用

给忙碌者的价值投资

"净利润−战略投资收益−(财务投资收益+利息收入−利息支出)×(1−税率)"计算。按腾讯税率均值13%,我们可以还原经营业务的净利润。按此逻辑,可得到表14−10。

表14−10 2017—2021年腾讯经营业务的净利润率

项目	2017年	2018年	2019年	2020年	2021年
营业收入(亿元)	2378	3127	3773	4821	5601
财务投资(亿元)	201	167	197	571	1497
利息收入(亿元)	39	46	63	70	67
利息支出(亿元)	−29	−47	−76	−79	−71
战略投资(亿元)	8	15	−17	37	−164
净利润(亿元)	725	800	959	1601	2278
经营净利润(亿元)	532	640	816	1076	1144
净利润率(%)	22	20	22	22	20

"表14−9和表14−10摆在一起,至少给我们两个启发。"老东说道。

"纯粹的经营业务,表现出稳定的净利润率。"小芸伸出食指说道。不过随后沉默了许久,最终皱眉说道:"第二点我没想出来……"

"剔除非经营业务前,净利润率均值是28.5%,剔除后是20%出头,这意味着,从净利润的贡献角度看,经营业务和投资业务之比约为20∶8。"老东娓娓道来。

"长期而言,这可以作为理解腾讯的模型!"小芸顿感醍醐灌顶。

"是的。"老东笑道,"好了,护城河归纳四问已回答完毕,总结一下吧。"

一问:ROE≥15%,少数ROE不远大于归母ROE。

答:公司ROE在20%左右,少数ROE远小于归母ROE。

二问:资产负债率<50%,有息负债占比低。

答:公司资产负债率为46%,有息负债率不足10%。

三问:经营现金流/净利润>1。

答:公司经营现金流/经营净利润>1,赚取的是真金白银。

四问:净利率≥15%。

答:公司整体净利润率在28%左右,其中经营净利润率20%,其他由投资业务贡献。

至此,腾讯护城河归纳四问回答完毕,与护城河演绎六问一样,取得了极高的分数。

腾讯作为具有投资业务的养鸡场,天然会比茅台这类几乎没投资业务的养鸡场研究起来复杂。但这也给了我们巨大的裨益——复杂的东西搞懂了,再看简单的,就轻而易举了。

"东老师,我想起了一句诗。"小芸不断点头,深表认同。

"什么?"老东有些惊讶。

"轻舟已过万重山。"小芸眯着眼调皮笑道。

第 15 章　买卖决策

综合护城河演绎和归纳的结果,小芸将腾讯纳入了待选择的公司。于是,我们来到了买卖决策模块,需要回答以下两个问题:一是什么时候买?二是买多少仓位?

在"理念篇",我们介绍了三种思维模型:在能力圈内投资、认识市场先生、公司价值计算。其中,第一种在行业选择和公司分析中发挥了决定性作用;而后面二者,将是我们回答"什么时候买"的有力武器。

营收与利润结构

让我们回忆一下解答"什么时候买"的逻辑。

我们需要知道"公司价值",然后将其与"市场价值"进行比较,如果公司价值远低于市场价值,说明有利可图,可以买入。反之,若公司价值远高于市场价值,则应该考虑卖出。这需要我们正确认识市场先生:我们只能利用它,不可被它利用。其他时间,我们闭门谢客。

该决策逻辑中,市场价值是现成的。因此,问题的核心在于:公司价值如何得到?回答这个问题,我们借助的思维模型是:公司价值计算。在"体系篇"我们已推演过,为方便讨论,老东将式4-11重写如下:

公司价值 = 预期可赚的自由现金流 ÷ r_0 × C　　（式15-1）

正如我们在"理念篇"第4章"公司价值：灰度思考与黑白决策"中讨论的，自由现金流是一种模糊思考的方式，不需要陷入过度的精确计算。以腾讯为例，该式中，其中r_0可以用十年期国债利率（3%）代替。公司满足赚真钱的条件，以极高的分数通过了护城河十问，其隐含的永续增长可续性也很强，因此小芸将折扣率C定为0.9。腾讯2021年经营利润1144亿元出头，但小芸决定还是保守点，取1000亿元，于是式15-1变为：

腾讯经营业务价值 ≈ 33000亿元 ×（1+g_0）³　　（式15-2）

除此之外，腾讯还涉及投资业务的价值。因此，整个公司的价值应该为：

公司价值 = 33000亿元 ×（1+g_0）³ + 投资业务价值　　（式15-3）

至于投资业务的价值怎么算，我们先按下不表，后文再讨论。

要计算经营业务的价值，只需要知道g_0即可。按"体系篇"的分析，步骤为：

前置动作：确定未来3年净利润复合增长率的锚。

第一步归纳法：忘掉公司商业模式上的所有演绎，就呆板地统计出公司过去营业收入、净利润、经营现金流的变化，考虑增长率实现的可能性。

第二步演绎法：忘掉统计结果。基于成长性演绎三问，考虑增长率实现的可能性。

第三步溯因推理：寻找投资大师是否有真金白银买入该公司或其

他证据。基于大师的数量及其在我们心目中的地位,得出这些证据支撑该增长率实现的可能性。

前置动作早期可通过检索股票交易软件实现;归纳法是苦力活儿,但实现起来比较简单;溯因推理更为容易;唯有第二步(演绎法),需要思考的内容很多,不仅需要归纳法的数据和信息作为基础,更重要的是知识和智慧的运用。不急,我们且一步步来看。

在开始前,小芸需要弄清楚公司的收入和利润构成。

按小芸朴素的认知,腾讯的收入来源主要包括:游戏、内容、广告、支付、B端服务。在财报的"管理层讨论及分析"章节,小芸找到了收入构成[①]。如图15-1所示:

	截至十二月三十一日止年度			
	二〇二一年		二〇二〇年	
	金额	占收入总额百分比	金额	占收入总额百分比
	(人民币百万元,另有指明者除外)			
增值服务	291,572	52%	264,212	55%
网络广告	88,666	16%	82,271	17%
金融科技及企业服务	172,195	31%	128,086	27%
其他	7,685	1%	7,495	1%
收入总额	560,118	100%	482,064	100%

图 15-1　腾讯 2021 年财报披露的 2021 年和 2020 年的收入结构

图15-1中,小芸所理解的五项收入,游戏和内容被合并成"增值服务",支付和云服务被合并成"金融科技及企业服务"。在该构成

[①] 2021年报第10页。

的下方，有一段关于增值服务的注释文字。从中，小芸得以将增值服务拆解成游戏收入和内容收入（财报中称为"社交网络收入"）两部分。注释文字如下：

增值服务业务截至二〇二一年十二月三十一日止年度的收入同比增长10%至人民币2,916亿元。本土市场游戏收入增长6%至人民币1,288亿元，乃受《王者荣耀》《使命召唤》手游及《天涯明月刀》手游等游戏推动，部分被DnF及《和平精英》的收入减少抵销。我们已对本土市场游戏采取了一系列完备的未成年人保护措施，而此直接地（未成年人消费减少）及间接地（研发资源专注于新措施的实行）影响收入增长。国际市场游戏收入增长31%至人民币455亿元，此乃由于PUBG Mobile、Valorant、《荒野乱斗》及《部落冲突》等游戏表现强劲。在我们的视频号直播服务、视频付费会员服务以及自二〇二〇年四月合并虎牙带来的收入贡献的推动下，社交网络收入增长8%至人民币1,173亿元。

从文字描述中可以看出，2916亿元的增值服务中，有1743亿元（1288亿+455亿）是由游戏产生，1173亿元属于内容[①]。结合这些信息，小芸得到了腾讯2021年收入的构成，见表15-1。

在此基础上，小芸希望更进一步拆解腾讯各项收入参数的利润和占比，以便在后面评估增长的可能性。遗憾的是，腾讯并未披露每项业务产生的利润情况，只有前文推导得到的总的经营净利润（表14-10中，2021年为1144亿元）。

---

① 部门间结算的原因，1173亿元社交网络收入中，也有不少是由游戏产生。此处为方便讨论，不再进行展开。

表 15-1 腾讯 2021 年的收入构成

业务类型	营业收入（亿元）	占比（%）
游戏	1743	31
内容	1173	21
广告	887	16
支付与B端	1722	31
其他	77	1
合计	5601[①]	

注：①此处合计采用的是 2021 年报表中的数值，因四舍五入，与本表格中该列数值求和有所出入。

不过，这难不倒小芸。她假设每项业务的三费（销售费、管理费、财务费）是一致的，那么便可得到一个统一的三费利率。那么，只要得到每项业务的毛利，便可以拆分出每项业务贡献的利润情况了。至于每项业务的毛利，在财报"管理层讨论及分析"章节，有每项业务的营业成本及其占分部收入的百分比，如图15-2所示。

	截至十二月三十一日止年度			
	二〇二一年		二〇二〇年	
	金额	占分部收入百分比	金额	占分部收入百分比
	（人民币百万元，另有指明者除外）			
增值服务	138,636	48%	121,287	46%
网络广告	48,072	54%	40,011	49%
金融科技及企业服务	120,799	70%	91,835	72%
其他	6,667	87%	7,399	99%
收入成本总额	314,174		260,532	

图 15-2 腾讯 2021 年财报披露的 2021 年和 2020 年的成本金额和毛利率结构（毛利率为 1 减去每项的"占分部收入的百分比"）

第 15 章 买卖决策

图15-2中,用100%减去"占分部收入百分比",便是每项业务的毛利率了,再用毛利率乘以每项业务的营业收入,便可得到每项业务的毛利。但在进行这一步之前,还有一个问题需要解决:公司的游戏和内容统称为"增值服务",披露的"占分部收入百分比"也是二者一体的,如何分离出各自的毛利率呢?

小芸几经思索,想起她经常玩的游戏。这些游戏包括《王者荣耀》《和平精英》《阴阳师》《天下》《梦幻诛仙》,其中《阴阳师》和《天下》是网易的游戏,《梦幻诛仙》是完美世界的游戏,或许这两家公司的年报单独披露了游戏的毛利率。虽说腾讯游戏的品类与网易、完美世界不尽相同,但毛利率应该大差不差。她料想得不错,经翻阅这两家公司年报,网易2021年的游戏业务毛利率为64.8%,完美世界2021年的游戏业务毛利率为66.62%,过往毛利率也大多在60%以上。

因此,小芸取腾讯游戏业务的毛利率为65%,可倒推出内容业务的毛利率[①]为33%,并将每项业务毛利率分别列出,如表15-2所示。

按2021年腾讯利润表数据,公司支付销售费用(对应科目:销售及市场推广开支)406亿元、管理费用(对应科目:一般及行政开支)898亿元,财务费用(对应科目:财务成本净额减去利息收入)

---

① 2021年游戏收入1743亿元,毛利率65%,得到游戏毛利为1132.95亿元。游戏+内容合并的增值服务收入为2915.72亿元,毛利率为52%,得到增值服务毛利为1516.17亿元。故内容毛利为383.22亿元。内容收入为1173亿元,故毛利率约为33%。

给忙碌者的价值投资

5亿元，合计1309亿元，约占营业收入5601亿元的23.37%，再考虑税率[①]，小芸得到了每项业务的净利率、净利润及其占比情况，如表15-3所示。

表15-2 2021年腾讯的毛利率结构（估）

单位：%

业务类型	毛利率
游戏	65
内容	33
广告	46
支付与B端	30
其他	1

表15-3 2021年腾讯的各项业务情况及占比

业务类型	营业收入（亿元）	毛利率（%）	三费率（%）	净利率（%）	净利润（亿元）	占比（%）
游戏	1743	65	23.37	38.30	668	63
内容	1173	33	23.37	8.86	104	10
广告	887	46	23.37	20.82	185	17
支付与B端	1722	30	23.37	6.10	105	10
其他	77	1				
合计	5601				1062[①]	

注：①与表14-10的经营利润的差别主要产生于四舍五入和加总过程。

---

① 2021年为8%。

结合表15-1和表15-3可以看出，腾讯游戏贡献了31%的收入，却贡献了63%的经营利润。如果再考虑内容业务中还有不少结算给游戏的收入，外加广告投放的客户中也有不少游戏厂商，足见游戏是公司的主要矛盾。另一个主要矛盾，则是广告+支付+B端业务合计占27%左右，这三项业务受宏观经济的周期性影响极大。宏观经济景气时，企业主愿意多投广告，多使用腾讯的B端服务，消费者使用线下支付的比例会大增；反之亦然。

虽说游戏收入和利润也会受宏观经济影响，但由于游戏单件费用对于玩家来说很低（以小芸的理解，《王者荣耀》的皮肤一般约等于一杯奶茶的钱），因此，不同于广告+支付+B端业务，游戏收入更受产品本身供给影响，而非宏观。这个道理是，腾讯的主要矛盾是游戏，次之是宏观经济。抓住这两条脉络，就可以对腾讯的成长性形成预期。

成长性归纳

带着这样的认识，小芸打开了金融数据类软件（她常使用Wind），找到了腾讯控股的盈利预测。在这里，通常有公司的营收和归母净利润增长预测。该预测一般是结合市面上能收集到的跟踪腾讯的券商的预测结果，综合得出表15-4。

表 15-4 Wind 对腾讯 2022—2024 年的业绩一致预期

关键指标	2022E	2023E	2024E
营业总收入（百万元）	584,249.40	661,407.21	745,010.70
增长率（%）	4.31	13.21	12.64
归母净利润（百万元）	121,258.80	153,303.50	173,455.64
增长率（%）	-46.06	26.43	13.15

若腾讯是一家只有养鸡业务的养鸡场，则我们可以将"归母净利润未来三年的增长率"作为锚，展开后续研究。遗憾的是，腾讯不仅有经营业务，还有投资业务。投资业务通常有巨大波动，使得直接使用这里的归母净利润增长率误差较大。这从表14-10（本书第242页）的净利润和经营净利润的差异中便可一窥究竟。

"要解决这个问题，得回到'体系篇'的核心'通过连贯性动作，找到股权能等效成债券的优秀公司'。"老东继续说道，"债券有稳定付息的特点，那么既然是等效成债券，便意味着我们要寻找的是公司的预期净利润，而非准确预测其每个时点的净利润。这正是我们在'理念篇'提倡的'灰度思考'。而较之投资业务，经营业务是有稳定预期的。我们可以尝试着找到它的锚。"

"营业收入增长率！因为长期而言，公司的经营净利润率是趋于稳定的。因此我们可以用营业收入增长率作为经营净利润的锚。"小芸心领神会,一口气说出了答案。

诚如小芸所言,用公司营业收入增长率的预测,代替经营业务增长率的预测,是一种不错的选择。基于此,小芸将表15-4的营业总收入增长率作为腾讯未来3年经营净利润复合增长率的锚,它们分别为:4%、13%、13%,折合复合增长率为10%。

那么,从归纳法的角度,未来3年经营净利润10%的复合增长率实现的可能性如何呢?

表15-5　2017—2021年腾讯营业收入和经营净利润的增长

项目	2017年	2018年	2019年	2020年	2021年
营业收入（亿元）	2378	3127	3773	4821	5601
增长率（%）		32	21	28	16
经营净利润（亿元）	522	632	807	1047	1070
增长率（%）		21	28	30	2

从表15-5可以看出,腾讯的营业收入从2017年的2378亿元增长至2021年的5601亿元,复合年化增长率近24%。经营净利润从2017年的522亿元增长至2021年的1070亿元,复合年化增长率近20%。从归纳法角度,未来实现10%的复合增长可能性很高,小芸给予其90%的可能性。

只是在梳理数据之时,小芸不禁心生疑问:"公司经营净利润增速慢于营业收入,而且该现象是2021年发生的,是什么原因导致

给忙碌者的价值投资

的呢?"

"千万不要忽略这种在投资过程中的疑问,它们往往是理解公司、评估成长性的关键所在。可以先基于你朴素的商业常识,想想是怎么回事。"老东尝试引导。

"嗯……"小芸噘起小嘴,说道,"从营业收入到经营净利润的变化过程,主要涉及营业成本、销售费、管理费、财务费。公司稳定持续赚真钱而且负债率低,财务费首先排除。因此要么是营业成本高了,比如拿了更多的内容、买了更多的服务器;要么是销售费多了,比如铺了更多的广告;要么是管理费高了,比如招了更多的人导致薪酬支出增加过快。"

小芸基于能力圈,大致猜测了这些可能性。为了验证,她重新翻开利润表(图14-3,本书第219页)。她发现,营业成本、销售费和管理费,都标注了注释8。小芸将注释8重写如表15-6所示。

表15-6 腾讯2021年报关于费用的另一种归类(来自财报注释8)

科目	2021年（亿元）	2020年（亿元）	同比增长（%）
薪酬福利开支	955.23	696.38	37
交易成本[①]	1291.36	1077.28	20
内容成本	669.11	582.85	15
推广与广告	313.35	265.96	18
宽带与服务器	272.60	218.76	25

续表

科目	2021年（亿元）	2020年（亿元）	同比增长（%）
摊销	314.30	290.73	8
折旧	261.66	214.58	22
核数师酬金	2.56	2.01	27

注：①银行手续费、渠道及分销成本。

与利润表用"营业成本、销售费和管理费"三个科目来展示成本不同，注释8中，公司按性质对这三个科目进行了重新划分。虽然科目变多了，但大致包含三大类：一是给员工的钱（薪酬福利开支），二是业务经营所用的钱（交易成本、内容成本、推广与广告、宽带与服务器），三是其他（折旧、摊销、核数师酬金）。

按性质划分，其实是腾讯给予了投资者一个更全面认识公司的机会，毕竟营业成本、销售费和管理费是按会计准则要求来的，而不是按照实际业务划分的。比如，同样是薪酬福利开支，与服务和生产相关岗位（比如游戏开发）会被计入营业成本，而若是通用岗位（比如人力资源）则会被计入管理费。

2021年公司营业收入同比增长16%，但从成本来看，薪酬福利开支、交易成本、宽带与服务器、折旧这四项均远超16%的增长。更进一步，薪酬福利开支超出21个百分点，多出约147亿元；交易成本超出4个百分点，多出约43亿元；宽带与服务器超出9个百分点，多出约20亿元；折旧多出6个百分点，多出约13亿元。

给忙碌者的价值投资

要知道，经营净利润全年也才1070亿元，单薪酬福利开支超出16%的部分就高达147亿元，对经营净利润的侵蚀高达14%。于是一个问题油然而生：薪酬福利开支增速两倍于营收，究竟是因为人均薪酬上涨过快，还是因为招了更多的人呢？

前文小芸给的答案中，不假思索就说出了"招了更多的人导致薪酬增加过快"。这是因为她在工作中没少和腾讯接触，身边更有不少腾讯的朋友，从中明显可以感觉到腾讯的团队在2021年间扩张迅猛。从圈子中得知，主要原因是腾讯的CSIG和PCG扩张迅速，企图抢占B端市场和内容市场的份额。

为了验证这一结果，小芸在2021年财报中找到了员工数量的描述："公司2021年末员工数量为112771名，2000年末85858名"。经过计算可得，2021年内公司员工数同比增长约31%，略低于薪酬福利开支的增长率（37%），但显然，员工数的增长是薪酬增长的主因。因此，小芸得以在薪酬开支导致经营净利润增长慢于营收的结论基础上更进一步：

公司经营净利润增速慢于营业收入，主要矛盾是员工数增长过快。

此时再回看小芸所猜测的几个理由，"拿了更多的内容"并不成立（内容成本增长15%），"投了更多的广告"（推广与广告增长18%）略微成立，"买了更多的服务器"（宽带与服务器增长25%）成立，"招了更多的人"（薪酬福利开支增长37%）成立。小芸没猜到的是营业成本中的交易成本，这项主要是微信支付中给银行的渠道费用,以及游戏、视频、音乐等的渠道和分销成本,后者也算是半个广告——勉强算内容成本和广告。

如此来看,在没看成本变化的基础上,小芸盲猜的命中率为70%。这正是忙碌者能力圈的体现。若这不是小芸熟悉的互联网公司,而是换了水泥、钢铁、化肥等行业,小芸绝不可能有如此高的命中率。

成长性演绎第一问

带着这样的认识,小芸开始研究成长性演绎。

前文小芸得出,腾讯未来3年的成长性演绎,主要围绕3个问题进行:

问题一:贡献60%以上经营净利润的游戏,其增长逻辑是什么?

问题二:剩余的广告+支付+B端,会随着宏观经济如何变化?未来如何展望?

问题三:员工数增长过快,公司是会继续保持增速,还是会降本增效优化人员?

首先来看问题一,腾讯游戏的增长逻辑。

"体系篇"中,我们为成长性演绎概括了3种可能,一是得益于潜在需求持续扩大,二是得益于价格提升,三是得益于市场份额提升。

首先,就大逻辑而言,游戏是一个潜在需求还在扩大的行业。

按小芸的理解,人们玩游戏的需求,有自我出发和与他人交互两类,前者按需求层次排序包括缓解疲倦、寻找慰藉、超越现实,甚至自我实现等需求;而后者,主要是为了社交。

给忙碌者的价值投资

  从马斯洛需求金字塔的结构来看,无论是从自我出发,还是与他人社交,都属于需求金字塔中靠上的需求(社会需求、尊重需求、自我实现需求)。当人们满足了生理和安全需求后,这类需求将渐渐成为可供支配收入分配的大头。

  但是,受制于供给侧,游戏行业整体增速较慢。

  一是从静态结构来看,游戏行业的爆品已停滞多年。

  按小芸的理解,当前最热门的游戏仍是腾讯的《王者荣耀》和《和平精英》。这个认识不仅源于她身边的朋友,也源于日常生活所见。翻阅一些游戏数据,她也为此找到了佐证。

  比如从移动App数据情报公司Sensortower中,小芸找到了2021年《王者荣耀》和PUBG(和平精英+其他海外版本)的流水,都是28亿美元(仅含iOS和Google商店,不含第三方安卓[①]),二者折合380亿元。虽然不知道PUBG在中国区流水的占比,但这两款游戏合计有300亿元应该是没大问题的。若再考虑安卓渠道一般是iOS的2~3倍,二者合计在国内的收入应该有1000亿元。这是什么概念呢?按游戏工委的数据,2021年中国全市场(含非移动游戏)游戏实际销售收入为2965亿元,1000亿元占比约34%。

  除了这两款游戏外,在查阅数据的过程中,她发现据第三方调研机构伽马数据显示,原来《梦幻西游》这款"老古董"竟排在了《王者荣耀》和《和平精英》之后,是中国2021年手游收入的老三。要知

---

  ① 指除了Google商店外的其他安卓渠道,国内的安卓手机渠道都可认为是第三方安卓。

道，《王者荣耀》已是7年前的游戏，《和平精英》也已是3年前的游戏了，《梦幻西游》更是20年前的游戏了，足见供给侧变化的缓慢。

供给侧制约了行业发展，财务方面的表现是玩家的支付意愿较低。

我们知道，游戏收入等于用户规模×人均年消费。

用户规模方面，以小芸的认识，几乎是见顶了。毕竟她身边能玩游戏的都玩了，除非真的破天荒再出来一种受众更广的游戏类型，短期来看很难。小芸从游戏工委的数据中也可得到佐证：中国游戏用户规模自2020年达到6.65亿人后，2021年为6.66亿人，几乎停滞。2022年上半年用户规模为6.54亿人，已稍有减少。以2021年6.66亿用户规模计，占比已接近我国人口数量的一半，可提升空间较少。

人均消费方面，小芸的认识是：这依赖于游戏的供给，离天花板还是有段距离的。这个认识产生于她自己的游戏体验，比如平时她并没有太多支付的欲望，但当近期看到《王者荣耀》出了86版《西游记》的悟空和猪八戒皮肤时，她的支付欲望马上被激活。又比如她的一位爱玩《穿越火线》的好友，当有新的玩法和地图出来，需要搭配特定道具才能玩得更好时，也会很有支付欲。可见，玩家们的支付欲，与是否有更多优秀的供给有关系。毕竟每次支付都只是大几十块钱，大多数玩家还是给得起的。

用户规模和人均消费的差异，也可横向对比其他国家获得。小芸从不同国家的一些游戏官方机构收集到了这方面的数据，汇总成为表15-7。

表 15-7 主要国家的游戏销售收入、玩家数、经济情况等

国家	销售收入（亿元）	GDP（亿元）	占GDP比例（%）	玩家数（亿人）	人口（亿人）	占人口比例（%）	人均GDP（元）	人均年消费（元）
中国	2965	1143670	0.26	6.6	14.12	46.74	80996	449
日本	1176	327981	0.36	0.53	1.26	42.06	260302	2219
韩国	1011	119625	0.85	0.34	0.52	65.38	230048	2974
美国	3132	1532529	0.20	2.27	3.33	68.17	460219	1380
德国	607	281081	0.22	0.44	0.84	52.38	334620	1380
俄罗斯	154	118095	0.13	0.74	1.46	50.68	80887	208

从表15-7可以看出，我国游戏人口占总人口的比例已与其他主要发达国家相差无几，差异主要在人均年消费上。再深想一层，人均年消费的差异，则是由人均GDP间接决定的。我国人均GDP约是日韩的1/3，游戏的人均消费只有日韩的1/6；但我国人均GDP是美国的1/6、德国的1/4，人均消费却达到它们的1/3。是什么原因造成了这种差异呢？

"美德的文化和游戏品类与日韩有很大差异。"这丝毫难不倒小芸这个游戏迷。

东亚文化以内敛为主，"宅经济"繁荣，使得游戏在这片土地上更受欢迎。从游戏细分品类来看，欧美地广人稀，住的都是大房子，因此盛行的游戏品类更多的是主机和大型3A游戏（指开发成本高、开发周期长、消耗资源多的游戏）。而东亚由于人口在大城市高度集中，则更流行随处可玩以及占地面积较小的手机游戏。相较于主机和3A游戏，

手机游戏虽然单次付费低，但胜在付费频率高，因此人均年消费更高。

作为同处东亚，同样是手游流行远胜于主机和大型3A游戏的国度，我国对标日韩，还是有一定的上行空间的。这个上行空间一是来源于GDP的自然增长，二是来源于人均消费的超额增长。遗憾的是，供给侧迟迟未有更吸引人的游戏出现，阻碍了人均年消费额的增长。根据游戏工委2021年数据，国内全行业增长几乎停滞，也验证了这个观点。

其次，腾讯游戏的增长策略，决定了可以取得不弱于行业增长的水平。

按小芸的认识，游戏的产业链，大致可以分为上、中、下游三部分。

上游：游戏研发。顾名思义，负责游戏的开发。

中游：游戏发行。游戏的商业化，包括宣传投放、渠道合作、游戏运营等工作，包含技术、市场、运营和客服等多部门，需要跟多方打交道。

下游：游戏渠道。负责游戏的分发，通常包括iOS、安卓商店、微信和QQ等。

耳濡目染，小芸知道，从收入分成来看，上游的游戏研发由于集中度低，是最苦最累的工种，通常分走游戏流水的15%~30%。这与圈外人的认识截然不同。中游，属于资本和经验密集型，集中度高，通常分走游戏流水的15%~40%。下游渠道商，国内安卓渠道一般获取30%~50%的流水分成，iOS应用商店获取30%的流水分成。微信和QQ的分成比例也与此类似。

在护城河演绎中，我们知道腾讯的主要逻辑线是"微信/QQ→腾讯C端产品→B端服务"，游戏作为腾讯的C端产品之一，也不例外。起初，小芸对这事儿的认识，就是停留在以微信/QQ作为入口，进行下游游戏分发。但随着研究深入，小芸发现远非如此。

倒着来看，中游的游戏发行大致包括产品（版本管理、本地化、商业化、活动策划等）、市场（内容合作、市场品牌运营、电竞赛事运营、渠道运营等）、用户（社区运营、客服等）、分析（用户研究、数据分析等）四个方向。四者中，除了产品外，市场、用户、分析，都是资本和经验密集型工作，都可以抽象为中台进行复用，具有规模效应。

在研究过程中，小芸就注意到腾讯的IEG曾为了该目的，进行过多次组织架构调整。比如在2021年2月，IEG就成立了专门的国内游戏发行线和海外游戏发行线，及负责渠道、增长、平台合作、流量生态、内容生态、电竞整合品牌的专门部门。这也是为何游戏研发商中，往往只有大厂才能做到自研自发，其他小厂则需要借助腾讯等进行发行。而这些多年积累所得的经验和资本，最早还是得益于微信/QQ这个渠道。

再接着是上游的游戏研发。

我们知道，游戏研发从策划起步，其中涉及深度的世界观架设、复杂的数据和伤害设计、有趣的模式和玩法创新等。其中，前二者经过长时间的积累，都可形成可重复使用的经验，唯独模式和玩法创新，总是冷不丁地从看不到的角落冒出来，突然火遍大江南北。如今大火的《王者荣耀》的MOBA玩法、《和平精英》的大逃杀玩法，在早期都是冷门玩法。

游戏研发周期长，投入大，因此如果方向判断失误，代价极大。这点小芸作为游戏迷，也是深有体会。在2010年之前，她几乎对游戏研发商的品牌没有丝毫关注，哪个游戏好玩就玩哪个，这显然也给游戏研发商的经营持续性带来了极大压力。

那么，腾讯游戏是怎么进行模式和玩法创新的呢？

熟悉腾讯的人都知道，其主要借助工作室的组织模式促进游戏开发。腾讯在国内有5个工作室，在海外有数十个工作室。其中，天美、光子、海外的Supercell，都是游戏圈耳熟能详的工作室。但更有意思的是，小芸在调研过程中发现，腾讯在游戏上的增长策略，可以用图15-3概括。

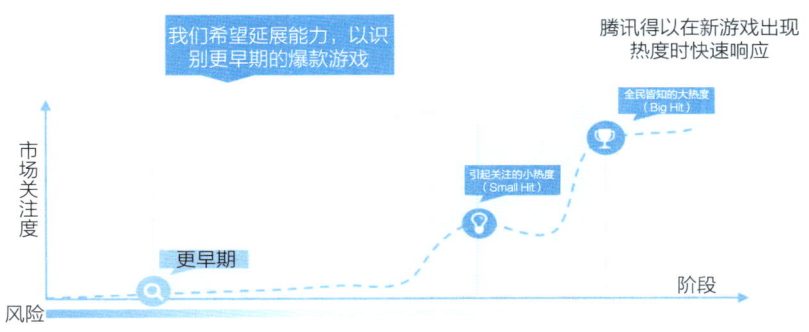

图15-3 腾讯游戏的增长策略

资料来源：腾讯 IEG 内部资料。

给忙碌者的价值投资

在该模式中,腾讯通过大量的游戏商业分析人员(游戏或咨询行业出身),跟踪全世界每个游戏品类的每款游戏情况。当该品类的游戏或某个特定游戏产生第一个陡变的市场关注度时(Small Hit),加强跟踪的强度。当市场关注度超过指定的阈值(Big Hit)时,腾讯予以介入。这种介入形式包括但不限于:洽谈合作、资本投资、借鉴创新等。

通过这种跟进模式,腾讯相当于以轻资产的模式(仅依靠人力)进行"投资和孵化"。其仰仗的是公司下游微信/QQ的渠道能力,以及中游的发行能力——并不需要太担心在Big Hit时对方不愿意与自己合作。小芸回味了自己玩过的腾讯游戏,细想之下确实不少游戏是诞生于此,比如忽然走红的《和平精英》被腾讯收入囊中(属于资本投资),又比如《王者荣耀》中加入了大逃杀模式(属于借鉴创新)等。

在此基础上,腾讯结合自己的大文娱资源,将已经形成用户心智的游戏IP,如《王者荣耀》《和平精英》《英雄联盟》,进行模式和玩法上的品类扩充,复用已有IP的世界观、人物、文案、美术等设计,此举再次减少了重新开发游戏的成本,形成了具有规模效应的品类扩充模式。

依小芸所知,以《王者荣耀》为IP的开放世界RPG《王者荣耀世界》和格斗游戏《代号:破晓》已在研发中,以《英雄联盟》为IP的自走棋游戏《金铲铲之战》和经营类游戏《英雄联盟电竞经理》上线后皆取得了亮眼的成绩。

总的来说，游戏研发方面，腾讯派出了一群商业分析人员作为斥候，通过轻资产模式孵化早期产品或寻找创新玩法。对于成熟的IP，通过复用资源和创新玩法，形成具有规模效应的品类扩充。游戏发行方面，腾讯通过将市场、用户、分析抽象为中台，形成具有规模效应的发行模式。游戏渠道则自不必多说，微信/QQ作为流量池，分发起来也是具有规模效应的。因此，腾讯游戏所采用的增长策略，可用"规模效应"一词来概括。这意味着，取得相同收入增长时，腾讯能取得更高的利润增长。

带着这样的认识，小芸大致得出了她认为的腾讯游戏国内部分的增速：

考虑到国内GDP增速在5%左右，游戏又是马斯洛需求金字塔中更靠上的需求，因此行业平均增速拉长来看可取得高于GDP的增速（小芸"拍脑袋"认为高出两个百分点）。腾讯游戏在国内游戏占比较高，假设跟随总需求增长，则收入增长为7%。再考虑腾讯游戏所采用的增长模式具有规模效应，利润增长会高于收入增长，再增加一个百分点，折合约为8%的利润增长。

最后，海外游戏的扩张，有可能帮公司画出第二条增长曲线。

在研究的时候小芸发现，虽然有规模效应，但腾讯游戏在国内至少有两个问题掣肘其快速增长，一是已在前文讨论过的，对比日韩，用户规模国内已是见顶，人均付费率只能以略高于人均GDP的速度温和上升；二是国内未成年防沉迷等法规的出台，也对公司短期产生了负面影响。关于后者，小芸在阅读2021年财报的"主席报告"中找到了支撑：

在限制未成年人游戏时长及消费方面，我们领先行业并取得显著成效。在二〇二一年第四季，未成年人总时长同比减少88%，占我们本土市场游戏总时长的0.9%。未成年人总流水同比减少73%，占我们本土市场游戏总流水的1.5%。

在此基础上，小芸自然而然地会想到游戏出海有可能成为第二条增长曲线。

小芸的这个设想，源于能力圈内的常识。作为一名游戏迷，她对海外知名的游戏公司如拳头、育碧、暴雪、R星如数家珍，而近些年特别是2020年以来，她高频地听闻腾讯与这些公司接洽合作或投资。与这个设想相得益彰的是，在2021年财报"管理层讨论及分析"章节，公司首次披露国内和海外游戏收入占比。财报中是这样描述的：

本土市场游戏收入增长6%至人民币1,288亿元，……国际市场游戏收入增长31%至人民币455亿元……

此外，小芸在游戏媒体（如游戏葡萄、Gamelook）中，找到了腾讯游戏负责人（腾讯集团高级副总裁马晓轶，向任宇昕汇报）的访谈，其表示自2019年之后，腾讯将更多的业务转向了全球市场，未来腾讯游戏收入的海外占比还会加速。马晓轶此前花20%的时间关注海外市场，现在将60%的时间聚焦海外市场。无独有偶，网易CEO丁磊也表示未来希望网易的海外市场占比能达到40%～50%（2022年为10%）。

至此，小芸整理了至少5条腾讯海外游戏扩张的论据：

（1）国内增速放缓，短期受制于未成年人保护法，长期受制于GDP增速，掣肘明显。

（2）腾讯在海外与游戏巨头的频频接洽，大有加速之意。

（3）2021年财报首次单独披露海外收入。

（4）负责人马晓轶表示未来会花60%的时间在海外游戏上。

（5）竞争对手网易游戏剑指50%海外游戏占比。

为了更进一步研究腾讯海外游戏的增速预期，小芸还需要知道海外游戏的市场现状。

这项研究对于圈外人并不容易，但难不倒小芸。

作为游戏迷，她在一个游戏副本中结识了一位专门研究海外游戏的朋友。这位朋友向小芸推荐了海外游戏研究机构Newzoo。在Newzoo的官网，小芸找到了这家机构对全球游戏市场的研究报告。虽然是免费版，但已足够帮小芸找到答案。

一是市场规模。报告显示，全球游戏市场规模（近似于营业收入）为1758亿美元，按6.8的汇率折合约12000亿元人民币，增速-1%。亚太地区折合约6000亿元人民币，占半壁江山，增速为3%。增速最快的是拉美、中东及非洲，都是5%左右，但合计占全球市场规模的12%。剩余的欧洲和北美则是负增长。

二是市场增速。报告显示，其对全球游戏市场规模的未来3年增速预计为7.5%。这主要得益于亚太地区、拉美、中东、非洲智能手机普及导致的玩家数上升，后疫情时代全球经济转暖导致的玩家付费率上升，以及2021年基数较低。

虽然有Newzoo的报告作为支撑，但对于市场增速，小芸也有自己的一番见解。

调研过程中，小芸查到了全球GDP增速的数据。过去10年，全球GDP增速大概在3.5%。虽然欧美国家增速放缓（大多数在负增长或个位数增长），但新兴市场增速在加快。因此，毛估可以认为未来3年该增速保持不变。再考虑与国内市场相同的逻辑：游戏是需求金字塔更靠上的需求，再加2个百分点，则增速为5.5%。根据Newzoo的预计再进行毛估，全球游戏市场（剔除国内）未来3年增速在6.5%左右，略低于国内。

有了全球游戏市场规模与增速，再将目光拉回腾讯。

结合海外游戏扩张的论据，小芸近似地认为腾讯的目标是在未来海外游戏收入占比一半。假设时间是10年，那么已知腾讯游戏2021年国内游戏收入是1288亿元，海外游戏收入是455亿元，国内游戏收入增速是7%，简单推算可以得到：腾讯海外游戏收入增速约为19%[1]。

这个增速的达成，按小芸的理解，一是主要靠收购。比如腾讯过往在海外有收购和投资的案例涉及Supercell、拳头公司、育碧等知名百亿级人民币的公司。小芸玩过的《皇室战争》《影响联盟》《刺客信条》等游戏就出于这些公司。二是靠手游出海。Newzoo的报告

---

[1] 按10年计，$\left(\dfrac{1288}{455}\right)^{\frac{1}{10}} \times 1.07 - 1 \approx 19\%$。

显示，2021年全球游戏市场中，手游增长4.7%，占比45%，而其他终端类型的游戏中，主机、网页、PC游戏都是负增长。中国是全球手游的强势国家，这也是腾讯及其他中国游戏厂商近些年在海外得以快速增长的重要原因之一。

剩下的就好办了，根据演绎法，已知：

①国内游戏：营业收入占比74%，未来3年增长7%。

②海外游戏：营业收入占比26%，未来3年增长19%。

③因为规模效应，利润增长在收入增长的基础上再加1个百分点。

结合这些信息得出[①]：贡献60%以上经营净利润的游戏，未来3年增速近10%。

从这个结果来看，未来3年经营净利润10%的复合增长率可能性中等偏上。其中最大的变数是海外收并购，毕竟要在6.5%增速的市场做到19%的增速，难度还是不小。

成长性演绎第二问

成长性演绎的第二个问题是：广告+支付+B端，会随着宏观经济如何变化？

经过前面多次历练，小芸早已学会了从常识出发，循序渐进地分析。只见她闭上了清秀的眼睛，开始沉思。

首先，从大逻辑来看，随着GDP增长，这三兄弟的潜在需求都会

---

① $(74\% \times 1.07^3 + 26\% \times 1.19^3)^{\frac{1}{3}} - 100\% + 1\%$。

扩大。

在经济向好时，公司能赚更多的钱，因此不仅会将预算投向前台如销售部门，也会向后台部门如市场营销、品牌宣传、信息技术等注入更多的预算。背后的逻辑是，后台的投入具有规模效应，毕竟每笔广告投入可以为所有在售产品加持，当产品销量很大时，产生的效果远胜于将相同的钱放在增加几名销售人员上。信息技术上的投入也是同理。

反之，在经济变糟时，公司赚的钱少了，钱都要花在刀刃上，需要立竿见影。因此，虽然同样会削减费用，但前台部门预算减少有限，而后台部门则是能砍则砍。由此可见，广告和IT投入，是宏观经济的放大器。"宏观"强，它们更强；"宏观"弱，它们更弱。但若拉长了来看，社会不断进步，广告和IT总会具有规模效应，因此公司会倾向于将更多的钱投入其中。

因此，三兄弟都是潜在需求扩张的行业，但特点不同。广告和B端业务，具有宏观经济放大器的效果，宏观经济差时它们更差，好时它们更好，波动较大。但若认为经济基本面长期向上，则理论成长应大于GDP。至于支付业务，其本身反映的就是国民经济活动，与宏观经济的情况高度相关。从大逻辑来看，随着GDP增长这三兄弟的潜在需求都会扩大。

其次，广告方面，短视频平台确实冲击了腾讯广告，但冲击或已达到瓶颈。

从经营利润的贡献角度，三兄弟中广告的占比较高。广告行业长期可以取得高于GDP的成长不假，但按小芸朴素的商业直觉，这两年由于短视频平台（抖音、快手）的兴起，腾讯广告受到了不小的冲击。腾讯是否能分享到这个成长的蛋糕呢？

小芸认为，可以从用户时长和广告转换效率两个角度来思考。

按护城河演绎第一问的分类，短视频和其他中长视频的应用（B站、腾讯视频、爱奇艺、芒果TV）同属于内容类的应用。在短视频之前，人们对内容的关注以中长视频为主。回顾中长视频的来时路，其成长过程中，也是在快速崛起的阶段抢占了大量的用户时间，达到一个峰值后回落，最终持续拥有一部分用户的时长——这种现象，也正发生在短视频。

按小芸的印象，抖音、快手在2018年前后火起来，并持续抢占了用户的时长。但从2021年底开始，小芸逐渐感受到身边用短视频的人数和时长都达到了瓶颈，不少朋友每天花在短视频上的时间不再增加，也有一些极端的朋友甚至不再使用短视频。但让小芸困惑的是，这种现象是不是自己的偏见？是否有数据可以支持呢？

经一位从事互联网咨询工作的朋友推荐，她在一些专业咨询机构的报告中找到了对应的数据，印证了自己的想法。比如QuestMobile每全年和半年都会发布互联网大报告，在其中可以找到2021年同比2020年、2022年上半年同比2021年上半年的情况，如图15-4和15-5所示。

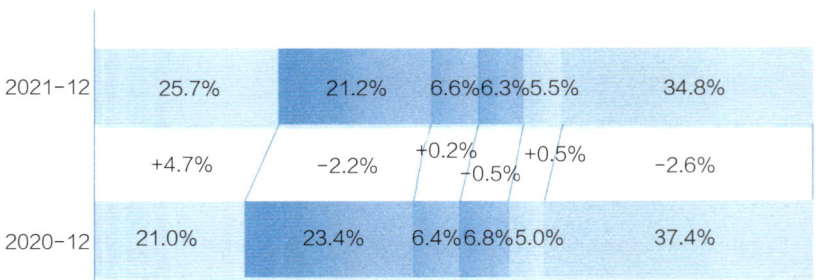

图 15-4　2021 年同比 2020 年中国互联网细分行业用户使用时长占比

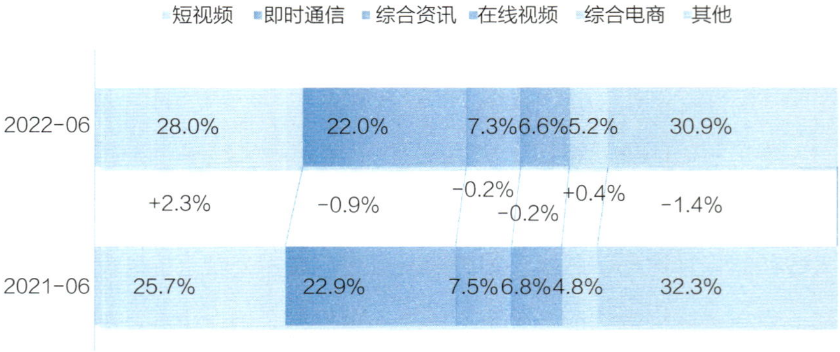

图 15-5　2022 年上半年同比 2021 年上半年中国互联网细分行业用户使用时长占比

从图15-4和图15-5可以看出，2021年短视频确实抢占了即时通信（主要是微信和QQ）的时长，但当时间来到小芸做该研究的2022年上半年，短视频增速放缓，对通信的挤占也比较有限了。此外，在短视频时长的增长中，微信的视频号也有不少贡献。小芸在QuestMobile的报告中发现，微信视频号的月活跃用户规模已经超越抖音，对抖音的渗透率已有59%（见图15-6）。

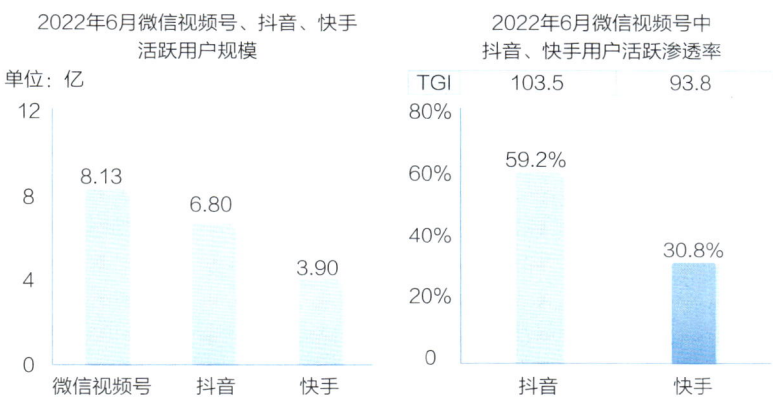

图 15-6　2022 年上半年微信视频号与抖音、快手的比较

当然，同样是达到瓶颈，小芸认为短视频较之中长视频还是有很大不同。后者以OGC和PUGC[①]为主，内容供应有限，用户消费完即走，在广告的转换效率方面也是低下的。短视频则不同，无论是用户规模和时长，或是广告的转换效率，都胜于长视频，当然也胜于图文内容。因此，虽然用户时长接近瓶颈，但短视频的广告转换效率还是会比腾讯已有的微信朋友圈、公众号、腾讯视频等高出不少。腾讯系想要扳回一局，还是得依赖于视频号的崛起。

用户时长见底上升，广告转换效率也将缓慢提升，其中既有行业客观规律发挥作用，也有腾讯视频号追赶的贡献。因此，腾讯的广告业务未来3年实现略超越互联网广告的整体增速，是可预期的，这是小

---

① OGC，即Occupationally-Generated Content，是指通过具有一定知识和专业背景的行业人士生产内容，并领取相应报酬。PUGC,即Professional User Generated Content，指专业用户生产内容或专家生产内容。

芸对腾讯广告的认识。

有了对行业基本的认识,小芸开始研究互联网广告的增速预期。

首先,她找到了行业协会等官方机构,大致有两个:广告业协会和国家市场监督管理总局广告监督管理司(以下简称"广告监管司"),前者一般负责组织行业内活动,后者每年不定期在不同场合会披露相关行业数据。与游戏行业的游戏工委不同,小芸并没找到广告行业标准的线上数据出处,倒是有不少第三方机构总结了这两个官方组织在各种场合披露的数据。

比如,在2021年的广告业论坛上,广告监管司发布了相关数据:2021年全国广告业事业单位和规模以上企业的广告业务收入首次突破1万亿元,达到11799.26亿元,同比增长20.38%。考虑到2021年GDP增速是8.1%,事业单位和规模以上企业广告业的增速是该数值的2~3倍。

另外,她找到了行业的第三方权威机构,比如QuestMobile、CTR、艾瑞咨询。这些机构的数据也显示了广告业增长速度与GDP增长速度的高度相关性,只是因为统计口径不同,与官方机构的数据有差异。比如在QuestMobile的《2021年中国互联网广告市场洞察》中显示,2021年互联网广告市场规模增速是20.4%,而中国广告业市场增速仅有11.2%——后者与广告监管司发布的数据出入较大,或是由于广告监管司的口径是事业单位和规模以上企业所致。但无论从事业单位和规模以上企业的广告,还是互联网广告的数值来看,逃不出头部广告企业的增速大致是GDP的2~3倍的规律。考虑到互联网广告是全国广告业的弄潮儿,2~3倍的规律应该能大体适用。

为了考究更长时间的规律,在QuestMobile的报告①中,小芸找到了该机构对2019—2023年的互联网广告业增速和中国广告业增速的回溯和预期。结合这几年GDP的增速,小芸整理成了表15-8,也佐证了互联网广告增速是GDP增速2~3倍的观点。

表 15-8　广告业、互联网广告、腾讯广告收入的情况

项目	2019年	2020年	2021年	2022年（估）	2023年（估）
广告业规模（亿元）	8674.3	9143.9	10167.9	11069.5	11658.9
广告业增速（%）	8.6	5.4	11.2	8.9	5.3
互联网广告规模（亿元）	4830.1	5439.3	6550.1	7237.9	7924.8
互联网广告增速（%）	18	12.6	20.4	10.5	9.5
GDP规模（万亿元）	98.65	101.36	114.37	119.52	
GDP增速（%）	6	2.7	12.8	4①	
腾讯广告收入（亿元）	684	823	886.66		
腾讯广告增速（%）	17.8	20.3	7.7		

注:①国际货币基金组织(IMF)在2022年10月所做的预估。

出于好奇,小芸将腾讯广告的收入和增速也摆在了表15-8中。从中可以看出,腾讯2019年的广告增速与互联网广告增速相当,2020年、2021年则分别表现超出和低于互联网广告增速的特点。按腾讯年

---

① 出自QuestMobile《2021年中国互联网广告市场洞察》。

报所描述，2020年广告实现爆发式增长，一方面是腾讯广告主要来自教育、电子商务平台及快速消费品，而这些行业在快速增长；另一方面，微信朋友圈增加广告位，公司合并了易车广告。2021年增速慢于互联网广告，则是来自互联网和教育的广告主纷纷受挫，加之2020年高基数所致。纵然有这些解释，但从整体来看，腾讯广告过去3年复合增速确实慢于互联网广告增速。按小芸的理解，这背后必然包含了短视频崛起，冲击了腾讯以图文为主的广告这一因素，只是管理层在财报中不便明说。

至此，小芸对腾讯广告形成了两个观点：一是短视频确实冲击了腾讯广告，但微信视频号的崛起，以及短视频冲击的自然规律，使得冲击或已到达瓶颈；二是未来3年，其增速大致等于GDP增速的2~3倍，问题不大，大致是9%~13%的增速。

再次，B端方面，"自主可控"浪潮将冲击腾讯云，公司将从做规模转为做价值。

在护城河演绎第四问中，我们曾提到，公司2018年展开第三次组织架构改革，首次设立专门服务于B端的CSIG，试图以此突破B端市场。经过3年多的"大干快上"，腾讯云在国内取得了仅次于阿里云的市场份额。2021年员工的迅速扩张，也是公司在此基础上希望继续发力，迎头缩短和阿里云的市场份额差距。但遗憾的是，外部的环境已经在悄悄发生变化。

小芸近一年来最大的感受是央企和国企数字化转型浪潮一拨比一拨强烈。在这股浪潮中，一方面要求国有企业尽快实现数字化，另一方面则要求国有企业在数字化过程中做到自主可控，由此延伸很多相关的重要概念，如：信创[①]、国产替代、去IOE[②]等。国企数字化转型过程中的安全问题被摆在了首要的位置。

按小芸的理解，云可以划分为IaaS、PaaS、SaaS三层。腾讯在IaaS层通过自建、合建、租用机房，在PaaS层通过自己研发的中间件、负载均衡等应用，参与市场竞争。为了快速起规模和做大影响力，腾讯通常作为集成商出现在B端的竞标中，将SaaS大多数应用和解决方案的开发开放给了合作伙伴，以此抢占市场。

但自2021年外部环境变化以来，作为央企的三大电信运营商在IaaS层强势崛起，华为云也开始在IaaS和PaaS层发力，腾讯云无论是增速还是竞争力都在下降。以小芸常关注的国际数据公司（IDC）发布的数据为例，2020年和2021年IaaS数据如表15-9所示。

表15-9 2020年末和2021年各公司IaaS市场份额

单位：%

年份	阿里云	华为云	腾讯云	天翼云	AWS[①]
2020	40.6	11	11	8.7	6
2021	37.8	11.4	10.9	10.3	6.4

注：①亚马逊云。

① 信息技术应用创新产业的简称，该产业的主要目的是实现各种数字化软硬件的国产替代。

② IOE是IBM、Oracle、EMC的简称，三者均为海外IT巨头，其中IBM代表硬件以及整体解决方案服务商，Oracle代表数据库，EMC代表数据存储。去IOE可理解为对一些核心领域要求其IT系统及设备做到自主可控，比如金融、电信、能源等。

在此背景下，腾讯云的策略有所变化。尽管描述这个转变的文章有很多，但最具代表性的是36氪采访CSIG总裁汤道生先生的报道。其中，汤道生将转变后的思路描述为：希望从过去很多低质量、转包项目的模式，转为以基于腾讯自研产品为主导、健康可持续的业务模式。

在云行业，腾讯最大的差异化优势在于"C2B"，即C端产品能力、运营经验和流量优势，让腾讯在B端有着天然助力，诸如PaaS层的音视频通信能力，SaaS层的腾讯会议、腾讯文档、企业CRM等产品，腾讯在业内均有亮眼表现。而较之集成很多合作伙伴的方案的发展模式，更多地侧重自研产品，更能提升利润率，坏处则是必须聚焦自研产品强势领域，收入增速肯定会大不如前。用一句话概括腾讯云的转变：从收入转为收入质量。

带着这样的认识，小芸再来思考腾讯云业务的增速。

按IDC的预估，从2021年起，中国公有云市场会以复合增长率30.9%继续高速增长，预计持续到2026年。按小芸的理解，这部分增速大多将由运营商云、华为云、阿里云瓜分，腾讯云能有一半都烧高香了。当然，取而代之的是，腾讯云的毛利率水平会明显提升。因此，给予腾讯云未来3年复合10%~15%的增速较为合适。

最后，支付方面，渗透率较高，格局稳定，经济活动是关键。

三兄弟中，支付行业离小芸的能力圈最远，理解起来也最费劲。虽说平日她经常使用微信支付，也知道前些年发生过央行要求第三方支付的备付金陆陆续续移交监管，但除此之外，她便一无所知了。第三方支付产业都涉及哪些重要节点，腾讯在其中涉及哪块，这是分析这个行业时需要研究的。

所幸，第三方支付也属金融和互联网范畴，难不倒作为金融科技从业者的小芸。经请教朋友、阅读资料，按小芸的理解，第三方支付产业大致分为4类。

（1）账户侧支付机构。常见的微信、支付宝、京东支付、美团支付，都在这儿。

（2）清算机构。第三方支付需要关注的是银联，此外还有网联、连通[①]。

（3）收单侧支付机构。除了常见的账户侧支付机构外，还有如快钱、宝付等第三方支付。

（4）结算机构，即各银行。

小芸在上班路上的包子铺买了菜包子，各机构是这样交互的：

（1）小芸使用微信支付在包子铺的刷卡机上扫码，使用A银行卡支付。这时账户侧支付机构（微信）便会将该交易信息（仅仅是信息）传递给清算机构（银联）。

（2）除小芸外，小刘、小关、小张也可能在该包子铺买包子。虽然使用的也是微信，但可能支付的银行卡是B银行或C银行，这些信息都会沿着微信传递到银联。

（3）第二天凌晨时，清算机构（银联）会把这些信息全部传给收单侧的支付机构（如快钱），用户（包子铺）可以在收单侧支付机构

---

① 由美国运通公司和中国连连数字科技有限公司成立的合资企业，也是目前我国境内唯一的中外合资清算机构。

提供的网站上看到具体往来流水。

（4）也是在第二天凌晨，清算机构（银联）会把A银行（结算机构）需要划拨多少给包子铺的收款行告知A银行，A银行进行结算。清算机构同时会告诉B银行、C银行，后二者操作与A银行相同。

除此之外，小芸还在整理过程中获得三个重要认识：

一是作为第三方支付，参与产业链在账户侧支付机构和收单侧支付机构两个位置的业务。账户侧支付机构拼的是谁更具有C端业务能力，收单侧支付机构拼的是B端业务能力。

二是腾讯在其中的位置。对于账户侧支付机构而言，准确来说，腾讯都是以"财付通"参与其中。微信支付并非第三方支付，而仅仅是财付通在账户侧支付机构的一个"化身"。这些"化身"因场景不同，命名不同。比如QQ钱包中的付款，也是其中一个"化身"。对于收单侧支付机构，腾讯也是通过"财付通"参与的。

三是从收费模式来看，账户侧支付机构能收费，收单侧支付机构也能收费。之前自己看到微信支付和支付宝很强大，便认为第三方支付市场几乎没有其他玩家的空间了，这结论显然太肤浅了。收单侧支付机构因为是B端市场，没有标准化切入方式，故而给了其他第三方支付，如快钱、宝付、银联商务、拉卡拉等很多机构容身之所。

带着对产业链的认识，小芸开始研究第三方支付的增速预期。

第三方支付的监管机构是中国人民银行，此外也有协会，名为中国支付清算协会。对该行业研究较多的非官方机构主要包括前文提及的QuestMobile、艾瑞咨询等。研究过程中，小芸发现艾瑞咨询对第三方支付研究得较深入，每年会不定期发布第三方支付的相关研究报告。按艾瑞咨询《2021年中国第三方支付行业研究报告》预估，2022年至2025年，第三方移动支付[①]的增速预计为11%~13%，为GDP增速的2倍左右。

按小芸的认识，第三方支付（指移动支付）主要包括App内支付和线下支付两类。无论是何者，都是在可供支配收入中支出。每个人的不可供支配收入（比如房贷等）是刚性的，因此在经济向好、人均收入上升时，可供支配收入上升幅度会大于人均收入，当然也会大于GDP增速。反之经济变坏时，也是同理。

不过，结合个人实际和身边人的消费习惯，小芸并不认为第三方支付能获得GDP两倍及以上的增速，顶多就是个1.5倍的水平。参考前文2022年GDP增速约为4%的观点，再结合对未来的前瞻，小芸认为第三方支付能获得6%~7%的增速预期。考虑腾讯作为第三方支付中佼佼者已是份额稳固，因此支付业务增速也大致如此。

因此，对于这三兄弟，小芸在心中已有大致增速预期：

①广告：9%~13%的增速。

②云：10%~15%的增速。

③支付：6%~7%的增速。

按表15-3（第250页）所示，三兄弟对腾讯经营利润的贡献占比近30%。虽然腾讯的"金融科技与企业服务"中未详细披露云和支付

[①] 第三方支付包括第三方移动支付和第三方互联网支付，前者可近似认为是手机端的支付，后者可近似认为是PC端的支付。考虑到后者的份额较小，此处忽略。

的比例,但结合这些信息,小芸大致可以确认:贡献近30%经营利润的广告+云+支付业务,未来3年年复合增速可以做到10%以上。

成长性演绎的基础假设

"你发现什么规律了吗?"老东在小芸眼前挥了挥手,打断了她向第三问进发的节奏。

"我的意思是,在分析成长性演绎前两问时,我们依赖了什么公共假设?"老东见她没反应过来,补充道。

"嗯……"小芸眉头微皱,忽然眼前一亮,说道,"GDP增速!无论是游戏的演绎,还是三兄弟的演绎,都是以GDP增速为基础的!"

我们知道,企业的成本包括固定成本和变动成本。在生产规模扩大后,变动成本同比例增加而固定成本不增加,所以单位产品成本就会下降。因此,企业的营业收入每增加1元,企业的利润就可以增加超过1元。由于固定成本的存在,而使利润变动率大于产销量变动率,对此有个专业名称——经营杠杆。

同样地,企业的资产包括净资产和负债。企业原本只能用1元净资产进行生产活动,后来借了1元负债,便能以2元的总资产进行经营活动。这种因借债经营,使企业获得的实际回报远高于仅靠净资产驱动的回报,也有个名称——财务杠杆。

在"理念篇"第1章我们就曾谈到,优秀的公司处于社会金字塔的顶尖,增长是会大于GDP增长的。而GDP稳定增长,正是它们稳定

第 15 章 买卖决策

增长的基石;当然,也是投资者获取回报的基石。优秀的公司能取得优于GDP增长的原因,便是企业动用了经营杠杆和财务杠杆,同时企业拥有抵御外敌的护城河。

但是,杠杆作为达摩克利斯之剑,有长期好处,也有短期坏处。

以养鸡场为例,在空间允许的情况下,养鸡场的场所本身就是固定成本,母鸡是可变成本。当养鸡场场主盘算着明年鸡蛋需求的增长,并以此为决策购置了更多的母鸡时,达摩克利斯之剑便已悬于头上。倘若明年需求增长真如预期,那么万事大吉;倘若天有不测风云,鸡蛋需求略有下降,此时GDP增速可能仅仅是失速,但对于养鸡场则可能是灾难性的。超额购置的母鸡产出的蛋没人买不提,母鸡还没日没夜地需要喂养。养鸡场甚至可能出现亏损。

当然,经营杠杆的伤害还是较小的。养鸡场场主大不了卖掉多买的母鸡,隐忍几年还是能挺过来的。但若养鸡场场主借用了财务杠杆,那就是另一码事了。

财务杠杆的本质,是养鸡场场主找金融机构借了一笔钱。这个负债关系可不会跟随养鸡场场主卖掉母鸡、关掉场子走人而结束。由于负债是刚性的,必须按时支付利息,到期支付本金,而养鸡场的收入是柔性的,若GDP失速导致鸡蛋需求不如预期,养鸡场场主没有更多的结余归还利息或本金,最终就只能破产。这时的母鸡和场子都是贬值的,因此清算都未必能完全弥补负债。这也就是在护城河归纳问题中要设置资产负债率指标,并尽可能规避高负债企业的原因。

著名的投资人霍华德·马克斯在其作《周期》一书中曾提出疑

问：美国经济确实会波动，但是波动的幅度还是比较温和的。美国GDP的年均增长率几乎总会落在最高增长5%到最低增长‑2%的区间，而涨到区间上限或者跌到区间下限的极端情形，我们每十年最多只能见到一次。GDP年均增长率这么稳定，是不是意味着企业盈利的年均增长率同样稳定呢？

答案是否定的，而经营杠杆和财务杠杆就是背后的原因。

"带着经营杠杆和财务杠杆的逻辑，再认识腾讯的游戏以及三兄弟，我们会打开新的视野。"老东娓娓道来，"游戏，虽然与中国GDP甚至全球GDP都有关系，但这是弱相关，换言之，人们的需求相对确定，因此10%以上的收入增速可靠性强。三兄弟则是需求随GDP剧烈波动，同为10%以上，却可能因为经营杠杆（腾讯负债率很低）的杀伤力，使其对经营利润的贡献在未来3年严重偏离我们的预期。"

"登高莫问顶，途中耳目新啊！"小芸感慨道。

成长性演绎第三问

成长性演绎的第三个问题是：公司是否会降本增效，优化人员？

按照小芸的认识，随着平台经济监管的规范化，资本无序扩张已成历史，各大互联网公司正在拉开一场其他行业也曾经历过的改革：供给侧改革。

首先，作为金融科技的从业者，小芸所处城市便是腾讯总部所在地深圳，好巧不巧，办公地点也在腾讯几座主要办公楼的附近。她所

第15章 买卖决策

处公司的楼上，就有腾讯投资的一家中型互联网公司，如今人数已是减半；楼下几层则是阿里投资的另一家中型互联网公司，如今已是人去楼空。这场轰轰烈烈的改革，有效地减少了社会资源不必要的浪费，虽然会有阵痛期，但长期看是有利于行业有利于国家的。

其次，她也从第三方媒体机构和腾讯不同事业群的朋友中获知腾讯内部优化人员的信息，并确信交叉校验后可靠。本次人员优化的比例大概在10%。按表15-6（第254页）所示，腾讯2021年薪酬福利开支近1000亿元，而在"董事会报告"章节，小芸也找到了腾讯2021年已有员工约为11万名，二者结合可得出腾讯2021年员工平均薪酬约为90万元。优化1.1万人，意味着腾讯会减少近100亿元的费用，对应增加近90亿元的经营利润。

90亿元是什么概念呢？对于前文所研究腾讯2021年1000亿元出头的经营利润而言，可预计增加8%~9%。而这个优化人员的事情预计就在1~2年完成，那么对于未来3年而言，每年预计可贡献2%~3%的经营利润增幅。至此，第三问的结论揭晓了：公司会降本增效与优化人员，并预计未来3年每年贡献2%~3%的经营利润增幅。

让我们再回顾一下腾讯成长性演绎的3个问题。

一问：贡献60%以上经营净利润的游戏，其增长的逻辑是什么？

答：游戏行业需求持续增长，但国内因供给侧受限，腾讯游戏预计增长达个位数[①]，海外游戏大盘子增速也不快，腾讯预计主要受益

---

① 指5%~10%。

于并购。再考虑规模效应，腾讯游戏的经营利润预计在未来3年保持10%增速的概率很高。

二问：广告＋支付＋B端，会随着宏观经济如何变化？未来如何展望？

答：广告＋支付＋B端业务长期可获得高于GDP的增速，短期却可能因GDP失速大幅低于GDP增速，未来3年经营利润年复合增速预期在10%以上，但还是要看宏观经济情况。该演绎的可靠性不如游戏的，属于中等偏上概率。

三问：员工数增长过快，公司是会继续保持增速，还是会降本增效，优化人员？

答：这属于公司自主可控的演绎，已经切实落地。未来3年预计会降本增效优化人员。此举在未来3年，可给公司所有业务的经营利润带来每年2%~3%的增幅，概率极高。

总体来看，腾讯各项业务的成长既得益于潜在需求持续扩大，也得益于份额提升。对于"未来3年经营净利润10%的复合增长率"这一问题，从演绎法角度看，虽然三兄弟不如游戏和降本增效的确定性那么高，但3个演绎问题分析下来，腾讯未来3年的潜在增长率在12%~13%，超出的2~3个百分点大可弥补三兄弟的演绎概率缺陷。因此，从演绎法看，对于"未来3年经营净利润10%的复合增长率"这一问题，小芸给予了极高的概率：95%。

溯因推理

梳理完腾讯未来3年预期增长的归纳性和演绎性判断，所缺便只有

第15章 买卖决策

溯因推理了。

2021年至2022年上半年，有不少小芸认可的投资人和机构持续加仓腾讯，包括知名个人投资者、原步步高创始人，被誉为"中国巴菲特"的段永平；知名的国内公募基金经理，如易方达的张坤；圈内知名的个人投资者，如雪球创始人方三文、唐朝、草帽路飞；她身边久经沙场的个人投资者——某老前辈；海外知名投资基金，如柏基投资。

这些投资人和机构真金白银地买入，是对小芸的研究很好的佐证。综合考虑投资人和投资机构的数量及其口碑，小芸"拍脑袋"认为，从溯因推理的角度，腾讯未来3年经营利润保持10%增速的可能性为80%。至此，溯因推理阶段结束。

在"理念篇"讨论溯因推理时曾提到，此方式过于简单，不是一种严格的思维方式，只是归纳法和演绎法的补充。所以，切记不可单独使用该方法。幸运的是，基于归纳法：演绎法：溯因推理＝4∶3∶3的设计，倘若我们真的不思考，直接使用溯因推理施展抄作业大法，是不会被允许开仓的（买入）。

为了验证这个结论，我们可以设想一个直接抄作业、不做任何归纳和演绎的例子。

此时，归纳法和演绎法得到的可能性为0，假设赋予溯因推理80%的可能性，可得到胜率为24%（80%×0.3）。接着，我们将赔率=1（开仓要求）、胜率=24%代入凯利公式：

赢面=盈利–亏损=1×24%–1×76%= –0.52[①]

---

① 1（赚1元钱）×24%（胜率）–1（亏掉1元本金）×输率（76%）。

赔率=1

仓位比例=赢面/赔率=-52%

结论是：仓位比例为-52%，不允许开仓。

这背后的逻辑是，按"体系篇"第9章"买多少"一节分析的，当赔率=1时，胜率若不大于50%，单次博弈平均收益率函数是一条直接跳水的瀑布线，全过程不能产生正收益。同时，由于在分析胜率时，我们仅赋予了溯因推理30%的权重，即使打满100%的可能性，若归纳和演绎两项为0，整体胜率不可能超过50%。此举的好处不言而喻：遏制了新投资者一听别人推荐股票，就盲目买入的举动。

赔率与最佳仓位

若腾讯只是一家纯粹的养鸡场，我们已有对其3年后经营利润的预期，并近似认为该经营利润等于公司预期能创造的自由现金流，也就有了公司的估值，与其当前二级市场交易的市值对比，便得到赔率。有赔率，又有基于归纳、演绎、溯因推理判断的达到该赔率的可能性——胜率，配合凯利公式，便可得到买入的仓位比例。

遗憾的是，腾讯是一家具有投资业务的养鸡场。公司价值不仅包含经营业务，还包括投资业务。按式15-3（第245页）所示，我们还需弄清楚其投资业务价值。

腾讯的投资业务，小芸已在第14章"第一问：利润表与会投资的养鸡场"一节研究过，并且在"第二问：资产负债表与掌控感"一节，小芸得到了一家具备投资业务的养鸡场的资产负债表（见表15-10）。

第15章 买卖决策

表 15-10 一家具有投资业务的养鸡场的资产负债表结构

资产大类	资产
现金	现金等价物
经营资产	物业（养鸡场）
	存货（鸡蛋）
	应收预付
投资性资产	财务投资
	战略投资
其他	其他

负债大类	负债
借款	借款
经营负债	应付预收
其他	其他

在此基础上，我们有两种理解腾讯投资业务价值的方式。

第一种是狭义的，即投资业务价值等于投资性资产的价值。

投资性资产分为财务投资和战略投资两大类。战略投资是指腾讯投资的如美团、拼多多等，持有的目的是给公司生态圈赋能和实现双赢，从利润表的角度，腾讯获得的是应占有部分的盈利；而有些公司或者金融资产就是为了低买高卖，从利润表的角度，腾讯获得的是公允价值波动。简而言之，前者是股权思维，后者是炒家思维。

同样地，在资产负债表中，两种投资的记录方式也是不同的。用股权思维审视的战略投资，采用的是权益法记录。采用炒家思维审视的财务投资，则是以公允价值记录的[①]。后者很好理解；前者"权益

---

① 财务投资包括（1）以公允价值计量且其变动计入当期损益；（2）以摊余成本计量；（3）以公允价值计量且其变动计入其他综合收益。其中（2）以摊余成本计量从严格意义上讲并非按公允价值计量，但其占比较小，可以忽略。

给忙碌者的价值投资

法"简单理解,是按照投资时腾讯所占有的比例[1]占有被投公司的权益——只不过这种权益是采用财务上的"账面价值",而非公允价值,"账面价值"往往是低于公允价值的。

关于账面价值的详细算法以及增值减值方式,及其与净资产计量的差别,此处不做延伸,有兴趣的读者可以自行翻阅对应的会计准则。但从股权思维的角度也好理解:互联网公司最重要的资产,是其用户规模及其商业模式的护城河,这两项资产都没体现在资产和负债中,却会因为市场交易反映在公允价值之中,因此用权益法计量必定会低于公允价值。

考虑到计算赔率时,要用市场价值(公允价值)与公司价值进行比较,因此小芸还需要将战略投资还原成公允价值。这操作起来还是要费一番功夫的。

①在资产负债表中,小芸发现战略投资包括合营和联营公司的投资,主要是后者。

②顺藤摸瓜,小芸找到了财报附注,发现联营公司包括了上市和非上市公司。

③考虑到拼多多、美团等占主要市值,近似认为腾讯对上市公司的投资是战略投资。

④需要整理腾讯涉及的上市公司股权比例对应的公允价值。

---

[1] 更严格的说法,应该是投资人在被投资方所拥有的净资产量,投资价值会随着投资方净资产量的波动而波动。

第15章 买卖决策

⑤联营公司中,从收入来看,上市公司:非上市公司≈5.3:1[1]。

⑥根据④的整理结果,也可得到非上市公司股权比例对应的公允价值。

⑦根据④和⑥的结果,便得到所有战略投资近似的公允价值了。

这个过程中,环节④是个苦力活儿,而且得时不时重新整理一下,劳心费神。不过,小芸倒是有讨巧的方式。

她在腾讯文档的Excel表格中发现,文档中存在一个"=stock"函数,在每个单元格中敲入该函数,再输入股票代码,选择实时价格后,该单元格便能获取此公司的股价了。以拼多多为例,只需要输入"=STOCK"("PDD.OQ.US",8),便能获得该公司股价的实时价格。

有了股价,再乘以股本(这个不怎么变化),便有了公司的实时市值。再挨个儿公司去找腾讯的股权比例,便可得到腾讯占有的实时价值。最后再加总便得到战略投资中所占有的公司的总市场价值了。经整理和跟踪,小芸得到了表15-11。

从表15-11可以看出,腾讯投资性资产的价值自2021年至2022年末一路下跌,截至小芸统计时,最新市值为7000多亿港元。根据腾讯资产负债表所示(见图14-4,本书第226页),其还有4560.24亿元的财务投资,腾讯的投资业务价值按公允价值计量至少有1.2万亿港元,税后10000亿港元。综合考虑港股市场的大盘指数(恒生指数)几乎处于历史最低估值,点位数甚至回到了1997年香港回归之前,属

---

[1] 详见腾讯控股2021年财报第265页。于联营公司的投资(续)中,上市企业收入为2855.57亿元,非上市企业收入为543.69亿元。

于非正常的极端保守状态,因此,小芸认为若采取保守的姿态,可以将1万亿港元作为腾讯的投资业务价值。

表 15-11 2021 年 9 月至 2022 年底 3 个时间节点腾讯战略投资的公允价值

单位:亿港元

项目	2021年9月30日	2021年12月31日	2022年9月30日
占有市值(上市)	11308	8816	5907
占有市值(非上市)	2134	1663	1115
合计	13442	10479	7022

第二种是广义的,即投资业务价值还包含所有金融资产,也包括所有金融负债。

根据具有投资业务的养鸡场的资产负债表(见表15-10),除了与经营相关的资产负债外,公司的其他金融资产包括现金等价物、借款等。带着这样的认识,小芸再次查看了腾讯的资产负债表(图14-4和图14-5,本书第226、第228页),将所涉的资产和负债列支如下:

①财务投资[1]:4560.24亿元

②战略投资:3231.88亿元

③现金等价物[2]:2737.46亿元

④借款:1559.39亿元

⑤其他金融负债:94.66亿元

---

① 含非流动资产和流动资产两部分,如图14-4最右侧归类所示。

② 包括非流动资产和流动资产两部分,含定期存款、受限制现金、现金及现金等价物3个科目。如图14-4最右侧归类所示。

从上述资产和负债可以看出,腾讯的现金等价物扣除借款与其他金融负债后,还剩下1000多亿元。故广义的算法较之狭义的算法,投资业务价值还会多出1200多亿元。

权衡考虑,小芸还是选择了狭义的计算方式,一是该方式更保守,多出来的1000多亿元权当安全边际了;二是腾讯经过了护城河演绎和归纳的筛选,是一家稳定持续赚真钱的公司,不必过于在意现金和负债的情况;三是偷懒,通过狭义的投资性资产计算过程,她已经形成了固定的表格,若要将现金和负债情况都考虑进来,还得去财报上详细找数据。

因此,小芸得到了按港币计算的公司价值:

$$公司价值[①] = 33000 \times 1.1^3 \div 0.85 + 10000 \approx 62000(亿港元) \quad (式15\text{-}4)$$

因而,当公司的市场价值跌到公司价值的1/2,即3.1万亿港元时,满足开仓条件。当公司的市场价值涨到公司价值的2倍,即12.4万亿港元时,满足卖出条件。当然,这个过程中小芸还需要不断跟踪公司,持续学习,如发现此前的分析出现了重大错误,或是公司的基本面恶化,导致公司价值下降,那么市场价值不变时,也可能出现市场价值是公司价值的两倍的情况,届时也应该卖出。

接下来是计算胜率。按小芸的分析,对于未来3年复合增长10%这件事,归纳法得出的可能性是90%,演绎法得出的可能性是95%,

---

[①] 按港币:人民币=0.85:1计算,经营业务价值源于式15-2(第245页),其中g_0为10%。

溯因推理则是80%，按照4∶3∶3加权计算，得到综合的可能性，即胜率，是88.5%。

接着根据凯利公式得到最佳仓位=赢面/赔率=（1×胜率-1×输率）/赔率=77%。77%的最佳仓位并不意味着小芸需要马上将90万元中的77%下注在腾讯上。同时，她还需要照葫芦画瓢，选择出其他在她能力圈内的公司，跨过护城河演绎和归纳的筛选，结合成长性的演绎、归纳、溯因推理的胜率判断，观察是否可以开仓，依次计算出这些公司的最佳仓位。

当她得到了包含腾讯在内的所有公司的最佳仓位后，她最后还需考虑"体系篇"第9章"买入决策辨析"一节中提到的使用凯利公式需注意的5点（本书第148页）中的最后3点：

（1）若出现总可开仓仓位小于所有公司最佳仓位之和时，可以考虑按最佳仓位的比例划分总可开仓仓位，以此分配各公司的买入仓位。

（2）若出现总可开仓仓位大于所有公司最佳仓位之和时，可以考虑将仓位多余部分配置ETF，作为现金等价物，等待更好的时机。

（3）凯利公式的结论是建立在多次重复试验的基础上的，因此即使计算出来的最佳仓位大于25%，也不建议新投资者配置25%以上仓位在某个公司。宁可牺牲收益率，也要避免不可预见事件出现时带来的毁灭性打击。

经过分析，按照投资体系要求，小芸在腾讯的最佳仓位是25%。

巧合的是，小芸分析结束后数日，腾讯股价恰巧跌到了320港元以下，对应市值低于3.1万亿港元，于是她果断买入。随后数日，她陆陆续续买入了其他公司，开启了征程……

尾 声

本书的内容已经接近尾声,让我们回顾一下全书框架:

其一,通过"理念篇",确定了找到能等效成债券的优秀公司股权这一目标。

其二,通过"体系篇",建立了一套围绕该股权的投资体系。

并辅以在能力圈内投资、认识市场先生、公司价值计算,3个思维模型。

在"体系篇",在买卖决策前,我们至少还有组合管理、行业管理、护城河分析、成长性分析四件大事儿要做。这些内容,直接决定了公司可预期的自由现金流(FCF_3)、折扣率(C)、无风险利率(r_0)是构成公司价值的因素,从而直接影响了最终的买卖决策。

以上便是全书的核心内容了。

可预期的自由现金流(FCF_3)、折扣率(C)、无风险利率(r_0),它们是如此重要,因此老东想借助本书的尾声,与大家再次探讨。但在开始之前,我们还需要澄清两个基本观念:事实陈述与价值判断。

事实陈述,即陈述的对象是客观事实,有明确的对错。

在"操作篇",小芸经过分析,得出了腾讯2021年能赚的自由现金流,这是一种事实陈述。通过归纳、演绎、溯因推理等手段,判断出腾讯可预期赚到的自由现金流(FCF_3),虽有假设条件的存在,但尚可认为属于事实陈述的范围;同样地,此时此刻的无风险利率(十年期国债收益率)也是一种事实陈述,而我们根据历史经验,认定无风险利率从长期而言在3%左右,虽然有假设之嫌,但也可认为是事实陈述的范围。

价值判断,即判断的是一件事应该怎么样,这无关对错。

往小了说,在"操作篇",小芸将腾讯的折扣率C取为0.9,因此腾讯估值是无风险利率的九折,是一种价值判断。往大了说,本书所述的体系核心——"优秀公司的股权是披着股票外衣的债券"这一逻辑,甚至整套由格雷厄姆和巴菲特建立起来的价值投资体系,也是一种价值判断。可从来没有法律规定,股票一定要按照这样的方法去评估价值。

虽无关对错,价值判断却有共识强弱之分。

例如我们今日所谈之道德,大致最早还要追溯至孔老夫子之前的西周。西周一开始的时候,道德只是对君王、诸侯、士大夫的要求,身份低的人只要老实不惹事就行了,是孔子把道德从社会和家庭中剥离,放到了个体身上。从此,每个受过教育的人都认为自己要追求道德,让道德有了正当性,最后逐渐成了人的本能。

同样地,价值投资整套体系逻辑自洽,又经格雷厄姆、巴菲特、

尾 声

芒格、施洛斯、彼得·林奇等投资大师的实践，早期在二级市场只是少数人的信条，后来逐渐成为越来越多的人的价值主张。虽说价值投资者是当前中国二级市场的少数派，但对于这部分人，包括老东，包括已经或将来可能以此为实践的您，价值投资都有正当性，甚至已成为思考的本能，称之为"少数人中的强共识"，也就是"理念篇"所述的"解释性框架"，并不为过。

但与价值投资的大框架不同，如小芸给腾讯以无风险利率的九折这件事儿，某个公司的估值究竟应该是无风险利率的多少倍，却是少数人中的弱共识了。凭什么A公司就是1倍，B公司就是0.5倍，C公司就是1.5倍？这是价值投资者经常争论的。

尽管本书的"体系篇"通过护城河十问的设置，大致可确保这些公司在价值投资所理解范畴内处于无风险利率上下的估值水平，但上下多少，仍然因人而异，更不提那些无法通过护城河十问、自由现金流难以预期、无法等效成债券的公司了。老东认为它们无法估值而放弃，但有更宽容的投资者，或许会给予它们合适的估值方式。

公司现在实际赚多少钱，无风险利率是多少，叫作"实然"；公司应该值多少，叫作"应然"。共同的价值观让人们对"应然怎么样"有了共同的想象。因此，价值投资不是"自然科学"，而是"解释性框架"，在解释性框架之下，还蕴含着不是"事实陈述"而是"价值判断"的部分。认识到这个，无论市场出现多大的惊涛骇浪，都是可理解的了。

给忙碌者的价值投资

有人说世界经济史是一部基于"假象和谎言"的连续剧,但这不意味着我们在强弱共识此起彼伏的投资一道上就无法精进。对内,利用系统武装内心,以达到能随时用理性统率情绪的境界;对外,处理好各种事务,随机应变,以达到恰到好处的水平。如此,至少能让我们在刺激和回应之间,还留有选择如何回应的自由与能力。

东先生

2022年11月于深圳